KB040465

자연과 지식의 약탈자들

자연과 지식의 약탈자들

반다나 시바 지음/한재각 외 옮김

당대

옮긴이의 말

새 천년을 코앞에 둔 1999년 12월, 미국 시애틀의 거리
는 WTO 뉴라운드를 반대하는 외침으로 가득 차 있었다.
전세계에서 모여든 수만 명의 활동가들은 WTO 각료회의
를 무산시키기 위해 각국 정부 대표들이 묵은 호텔을 인간
사슬로 봉쇄하였으며, WTO를 통해서 착취와 파괴의 세
계화만을 추구하는 초국적기업들의 상점들을 상징적으로
공격하였다. 이로써 국제회담 역사상 처음으로 전세계 민
중들의 투쟁에 의해 회의 개최 자체가 영향을 받기에 이르
렀다. 미국 정부는 60년대 반전(反戰) 시위 이후 처음으
로 최루탄을 사용하였으며, 연방군을 투입하며 계엄령과
통금령을 선포하기까지 했다.

생존과 평화를 위한 2000년 세계 민중들의 투쟁의 서곡

이 될 시애틀의 시위에서는, 전세계 민중들과 운동이 싸우고 있는 거의 모든 의제들이 WTO 반대의 슬로건과 함께 외쳐졌다. 그중에서도 최근 들어서 급속하게 발전하고 있는 생명공학과 관련된 슬로건들이 전세계적으로 특히 주목을 받았다. 유전자 조작 농산물(GMO)의 국제 무역거래 및 생명체에 대한 특허를 반대한다는 것이 그 요지를 이루고 있다.

미국과 유럽 사이의 무역마찰의 원인으로 등장하면서 부각된, 유전자 조작 농산물의 식품 안전성 및 생태계 파괴의 위험성 논란과 이에 대한 표시 여부를 둘러싼 논쟁들은 이번 회의의 주요한 대립점 가운데 하나가 되었다. 그리고 크게 부각되지는 않았지만, 제1세계에 의한 제3세계의 풍부한 유전자 자원에 대한 약탈을 가능케 하는 WTO 지적재산권협약(TRIPs)에 대한 비판과 개정 요구가 거세게 이루어졌다. 다음 세기는 '바이오테크의 세기'가 될 것이라는 제레미 리프킨의 말처럼, 다음 세기에 전세계의 사회운동은 생명공학과 관련된 다양한 사회적 문제에 맞부딪치게 될 것이며, 이번 WTO 회의에서의 논쟁은 그중 일부에 불과하다.

반다나 시바(Vandana Shiva)의 『자연과 지식의 약탈자들』은, 새 천년을 앞두고 급속히 진행되고 있는 생명공학을 앞세운 초국적기업들의 약탈을 고발하기 위해서 씌어졌다. 그리고 이 책은 다음 세기에 우리가 싸워야 할 대상들이 무엇인지를 보여주고 있다. 그것은 대단히 낯선 것 같지만, 가만히 생각해 보면 무척 익숙한 것이기도 하다.

생명체에 특허를 부여한다는 것이 얼마나 낯선 경험인가. 그러나 자본주의가 자리잡기 위해서 수많은 공유지에 울타리가 쳐지고 대대로 그 땅을 이용해 오던 민중들이 내몰림을 당하면서 공유지가 사유화되었던 역사적 경험을 돌이켜보면, 생명특허가 결코 낯선 것만은 아니다. 토지로부터 시작된 사유화의 경험을, 반다나 시바는 식민화되지 않은 마지막 영토라고 말하는 생명체 내부공간에서 다시 발견하는 것일 뿐이다. 하지만 이윤을 위해서라면 지옥도 마다 않고 쫓아간다는 초국적기업들의 발걸음은 항상 새로운 영역으로 나아가지만, 결국 그곳에서 겪게 되는 경험은 지난 500여 년 동안 우리가 무수히 겪고 또 겪어왔던 착취와 억압, 빈곤과 파괴임을 깨닫게 해준다.

이 책은 적은 분량임에도 불구하고 현재와 다음 세기에 뜨거운 쟁점이 될 많은 의제들을 포괄하고 있다. 앞으로 생명공학 관련 문제들이 불러일으킬 사회·경제·문화적인 파문은 엄청날 것이며, 다음 세기에는 전세계적으로 가장 중요한 이슈가 될 것이다. 지난 천년이 석유나 지하자원 등의 물리적 자원을 둘러싼 전세계적 갈등의 시대였다면, 과학기술의 엄청난 진보와 함께 새 천년에는 생물의 유전자원과 생물 다양성을 둘러싼 전세계적인 이해관계의 차이가 갈등의 핵심에 놓여 있기 때문이다.

유전자원을 지속 가능하게 해주는 생물 다양성과 그것을 관리하고 이용해 온 토착민들의 지식체계가 갖는 중요성 및 그들의 권리. 파괴와 갈등을 종식시키고 평화를 건설하기 위한 토대가 될 문화적 다양성의 중요성 그리고 문화적 다양성과 생물 다양성의 필연적인 연관관계. 생물 다양성과 문화적 다양성을 파괴하며 제3세계 민중들을 빈곤에 몰아넣고 지구 생태계를 위협하는 생명공학의 위험성 그리고 초국적기업의 역할. 더 나아가 제1세계에서는 학자들 사이의 논쟁거리에 불과하지만 제3세계에서는 생존의 문제인 현대 과학기술의 성격에 대한 비판. 자유무역을 앞세워 제3세계 민중들과 자연을 착취하는 WTO, 특히 지적재산권협약의 위선과 비합리성. 이 책의 저자 반다나 시바는 지구상에서 가장 소외되고 착취받아 온 집단이라 할 수 있는 제3세계 여성의 눈으로 이 방대한 의제들을 바라보면서 그 관련성들을 밝혀내고 있다.

이 책의 번역은 한국에서 생명공학 감시운동이 막 싹을 틔우기 시작한 시점인 1998년 겨울에 시작되었다. 번역 초고가 나온 지 거의 1년이 지나서야 이 번역서가 세상의 빛을 보게 된 것은, 최종 교열의 책임을 맡은 사람의 게으름 탓도 있지만 그 사이의 우리나라 생명공학 감시운동의 숨가쁜 행보와도 관련이 있을 것이다.

당시 이 책을 번역하면서 우리는 생명공학이 가진 문제점을 어렴풋이 알기 시작했다. 그러나 초벌 번역이 끝나고 교열과정에 들어서면서, 최종 교열의 책임을 맡은 사람을 비롯해 번역에 참가한 사람들은 생명공학 감시운동의 한복판에서 서서 이 책이 보여준 현실과 맞붙어 싸우게 되었다. 생명안전윤리연대모임의 조직, 유전자 조작 콩 수입 사실의 확인, 국내 연구기관에 의한 유전자 조작 작물의 개발 및 생명복제의 성공, 이와 관련된 두 차례의 합의회의 그리고 유전자 조작 두부 파동과 GMO의 사회적 이슈화, WTO 뉴라운드의 생명공학 이슈에 대한 대응 등. 이런 경험을 통해서 우리는 이 책이 말하는 내용에 대한 이해를 높일 수 있었다. 그런 점에서 보면, 어쩌면 1년 전보다 지금이 이 번역서를 내놓기에 더 적절한 시기인지도 모르겠다. 이 책을 이해할 수 있는 현실적 경험이 과거보다 더 축적되어 있기 때문이다.

이 번역서는 공동노력의 결과다. 이 책을 처음 발견하고 번역을 제안한 것은 허남혁이었다. 그는 서론과 제1장, 7장을 번역하였고, 품이 많이 드는 옮긴이 주를 작성하고 2차 교열을 보는 짐을 나누었다. 원재광은 제2장을 번역했으며, 특히 2장의 마지막에 나오는 감동적인 시를 번역하는 데 많은 수고를 들였다. 배기윤은 5장을 번역했으며 입대하는 심란한 상황에서도 1차 교열을 해주었다. 장윤정은 직장생활을 하며 논문을 쓰는 이중의 어려움 속에도 제

6장 번역과 2차 교열의 수고를 해주었으며, 이혜경은 한국 생명공학 감시운동의 최전선을 담당하고 있어 바쁜 와중에도 제3장의 번역을 잘 마무리해 주었다. 한재각은 제4장을 번역했으며 최종 교열의 책임을 맡았다.

　이혜경을 제외하고는 옮긴이들의 전공이 생물학과는 거리가 있어 원문에 나오는 전문용어에 대한 이해 및 그것을 우리말로 옮기는 데 어려움이 많았던 것은 사실이다. 하지만 그보다도, 이 책에 실린 생명공학의 여러 정치·사회적인 문제들은 단순히 제1세계 자연과학의 언어로만 표현될 수 없는 것이기에, 저자의 문제의식을 전달하는 데 무게를 두어 번역하기 위하여 더 많은 노력을 들여야 했다. 이런 과정에서 발생한 번역상의 오류는 모두 옮긴이들의 공동책임이다.

2000년 1월
옮긴이 일동

차 례

서론

특허를 통한 해적질: 다시 돌아온 콜럼버스

서론

특허를 통한 해적질

다시 돌아온 콜럼버스

1492년 4월 17일, 이사벨(Isabel) 여왕과 페르디난트
(Ferdinand)[1] 왕은 콜럼버스(Christopher Columbus)에게 '발
견과 정복'의 특권을 부여하였다. 그로부터 1년 후 1493년
5월 4일에는 교황 알렉산더 6세(Alexander VI)가 '증여의
칙서'를 통하여 "아조레스(Azores, 대서양 중부에 위치한 현 포
르투갈령 제도 – 옮긴이.)의 남서쪽 인도 방향으로 100리그
(league, 서양에서 사용하던 거리단위. 1리그=3마일) 내에서 이
미 발견되었거나 앞으로 발견될" 모든 섬과 본토를 카톨릭

---

1) 카스티야 왕국의 이사벨 여왕과 아라곤 왕국의 페르디난트 왕이 결혼
   하여 두 왕국이 합병됨으로써 스페인 왕국이 되었다. – 옮긴이

군주인 카스티야(Castilla)의 이사벨 여왕과 아라곤(Aragon)
의 페르디난트 왕에게 증여하였다. 그러나 이 땅들은 1492
년 크리스마스 이전까지만 해도 기독교 국가의 국왕과 왕
자들이 점유하거나 소유하고 있지 않은 땅들이었다. 울만
(Walter Ullmann)은 『중세 교황주의(*Medieval Papalism*)』에
서 이렇게 말하고 있다.

> 교황은 세계를 자기 손 안에 든 도구처럼 호령하였다.
> 교회법학자들의 지원을 받는 교황은 세계를 자신의 뜻
> 에 따라 처분 가능한 자기 재산으로 생각하였다.

이렇듯 교황이 부여한 헌장과 양도증서(patent)는 해적
질을 신성한 것으로 둔갑시켰다. 식민화된 사람들과 국가
는 자신들을 교황이 '기부한' 것에 속한다고 생각하지 않았
으나, 교황의 이와 같은 법률은 유럽의 기독교 군주들을,
그 나라가 "어디에서 발견되든, 어떤 신조를 받아들이든"
관계없이 발견되는 모든 국가의 통치자로 만들어주었다.
기독교 왕자의 '선점(先占)' 원칙, 표적으로 삼은 토지의
'무주(無主, vacancy)' 선언 그리고 '야만인'들을 자신들의
세계로 편입시켜야 할 의무가 바로 헌장과 양도증서의 내
용이었다.
이러한 교황의 교서와 콜럼버스 헌장 그리고 유럽의 군
주들이 부여한 양도증서는 비유럽인들을 식민화하고 몰살

시키는 법적 · 도덕적 기반을 마련해 주었다. 1492년에 7200만 명에 이르던 아메리카 원주민 수는 그로부터 몇 세기 후에 400만 명 이하로 줄어들었다.

콜럼버스 시대에서 500년이 흐른 지금, 똑같은 식민화 프로젝트가 특허와 지적 재산권을 통해 훨씬 더 세속적으로 지속되고 있다. 교황의 교서는 WTO(세계무역기구)[2]로 대체되었다. 기독교 왕자의 선점 원칙은, 교황 대신 현대의 통치자들로부터 지원받는 초국적기업의 선점으로 대체되었다. 대상 토지의 무주(無主) 선언은 새로운 생명공학으로 만들어지는 생명과 종의 무주 선언으로 대체되었다. 야만인들을 기독교인으로 만드는 임무는 지역 및 국가 경제를 전지구적 시장으로 편입시키는 임무로, 그리고 비서구의 지식체계를 상업화된 서구 과학과 기술의 환원주의로 통합하는 임무로 대체되었다.

다른 사람의 재산을 해적질하여 자신의 재산으로 만드는 행위는 500년 전과 전혀 다를 바 없다.

초국적기업들이 WTO의 무역관련 지적 재산권(Trade-Related Aspects of Intellectual Property Rights, TRIPs)[3]에

---

2) 우루과이라운드(UR) 타결과 함께 GATT는 해소되고 1995년부터 WTO가 그 역할을 대신하게 되었다. — 옮긴이
3) 지적 재산권 보호를 위한 WTO하의 협약으로, 생물 해적질과 관련하여 논쟁이 되는 핵심은 미생물과 식물 품종을 보호할 수 있는 특허체계 또는 효과적인 독자적 체계(effective sui generis system)를 채택하도록 국가에 강제하고 있는 것이다. — 옮긴이

근거해서 지적 재산권은 보호되어야 한다고 말할 때, 이들이 주장하고 있는 자유는 유럽의 식민통치자들이 1492년 이래로 지속적으로 주장해 오던 자유이다. 콜럼버스는 비유럽인들을 정복할 수 있는 면허를 유럽인의 자연스런 권리로 간주함으로써 이에 대한 선례를 남겼다. 교황이 유럽 국왕들에게 발행한 토지소유권이 그 첫번째 특허였다. 식민통치자의 자유는 토지에 대해 원래의 권리를 갖고 있던 사람들을 노예로 만들고 복속시킨 조건 위에서 구축되었다. 이러한 폭력적인 탈취는 식민화된 사람들을 자연(nature)으로 규정하고 그들의 인간성과 자유를 부정함으로써 "자연스러운 것(natural)"이 되었다.

로크(John Locke)는 자신의 글 "재산에 관한 논고"(Locke, 1967)에서 유럽의 엔클로저 운동 기간 동안에 똑같이 일어났던 절도와 도둑질 과정을 효과적으로 정당화하였다. 여기서 로크는 자본주의가 건설해야 할 자유는 곧 도둑질할 자유임을 명백하게 밝히고 있다. 로크가 보기에, 재산이라는 것은 자연으로부터 자원을 가져와서 이것을 노동과 결합시킴으로써 창출되는 것이었다. 이러한 '노동'은 물리적인 것이 아니라 자본의 통제 안에서 드러나는 '영적인' 형태로서의 노동이다. 로크에 의하면 자본을 소유한 자만이 자연자원을 소유할 자연적인 권리를 갖는데, 이 권리는 다른 사람들의 공동권리를 자신들의 것으로 바꾸어놓는다. 따라서 자본은 자유의 원천으로 규정되는 동시에, 자본이 자기 것이라고 선언한 토지·숲·강·생물 다양성에 대한 자유와, 자신들의 노동에 근거한 권리를 갖는 다른 사람들의 자유를 부정한다. 사유재산을 공동재산으로 돌려주는 것은 자본 소유자의 자유를 빼앗는 것으로 인식된다. 따라서 자원에 대한 자신의 권리와 접근을 되돌려달라고 요구하는 농민과 부족들은 도둑으로 간주된다.

이러한 유럽 중심적인 재산권과 해적질에 대한 인식은 WTO의 틀을 구성하고 있는 지적 재산권 법의 근거가 되고 있다. 유럽인들이 처음 비유럽세계를 식민화했을 때, 그들은 "발견하고 정복하는 것" "복속시키고 차지하고 소유하는 것"이 자신들의 의무라고 생각했다. 그러나 지금도 여전히 서구의 권력은 모든 것을 발견하고 정복하고 자기 것으로 만들고 소유하고자 하는 식민화 충동에 의해 주도되고 있는 것으로 보인다.

이제 식민지는 내부공간, 다시 말해 미생물에서 식물·동물 그리고 인간에 이르기까지 모든 생명체들이 갖는 '유전자 코드'에까지 확장되고 있다. 암환자인 무어(John Moore)의 세포주(cell line)에 대한 특허는 그의 주치의가 가지고 있다. 미국에 본사를 두고 있는 미리어드 제약회사(Myriad Pharmaceuticals)는 진단과 검사를 독점하기 위해 여성의 유방암 유전자에 대한 특허를 냈다. 파푸아뉴기니의 하가하이(Hagahai)와 파나마의 구아미(Guami) 인디언[4]의 세포주는 미국 상무부가 특허를 갖고 있다.

지식의 자연스러운 발전과 교환은 1996년 공포된 미국의 경제스파이에 관한 법(Economic Espionage Act)에 의해 사실상 금지되고 있다. 9월 17일에 미국 법률이 된 이 법안은 미국 정보기구에게 전세계 사람들의 일상적 활동을 조사할 수 있는 권한을 부여하고 있을 뿐 아니라 미국 기업들의 지적 재산권을 국가안보에 결정적으로 중요한 것으로 간주한다.

　　임자 없는 토지라는 가정은 이제 "임자 없는 생명"·종자·약용식물로 확장되고 있다. 식민화를 통한 토착자원의 탈취는, 토착민들은 자신들의 토지를 '개량시키지' 못한다는 근거에 의해 정당화되었는데, 1862년 윈드롭(John Windrop)은 다음과 같이 말했다.

　　뉴잉글랜드의 원주민들은 토지를 사유화하지도, 정착된 주거도 갖지 않는다. 또한 토지를 개량시킬 길들인 가축도 없다. 따라서 자연권(Natural Right)도 없다. 그들은 자신의 자원을 충분히 이용하고 있는 것으로 간주되며, 우리는 그 나머지를 법적으로 가질 수 있다.

---

4) 구아미족은 백혈병을 일으키는 바이러스에 대해 특이한 내성을 가지고 있다고 해서 생명공학 산업의 표적이 되었다. 특허를 보유하게 된 미국 상무부는, 이런 사실을 전혀 모른 채 혈액을 제공한 구아미 사람들에게는 물론 파나마 정부에도 아무런 통고도 하지 않았다. 이 일이 국제사회에 알려지면서 시끄러워지자, 미국 상무부는 특허를 취소시켰다. 이와 비슷한 일이 파푸아뉴기니와 솔로몬제도에서도 일어났었다 (Baumann, et al., 1996). —옮긴이

원소유자와 혁신자들의 생물 다양성을 빼앗기 위하여, 지금도 똑같은 논리가 사용되고 있다. 이 원소유자와 혁신자들의 종자와 약용식물 그리고 의학지식은 자연적이고 비과학적인 것이며, 유전공학이라는 도구는 곧 '진보'의 잣대라는 논리가 통용되고 있는 것이다. 일찍이 기독교를 유일한 종교로 규정하면서 다른 모든 신념과 우주관을 야만적인 것으로 치부해 버렸던 것은, 오늘날 상업화된 서구과학을 유일한 과학으로 그리고 다른 모든 지식체계를 야만적인 것으로 규정하는 것과 일맥상통한다.

500년 전, 비기독교 문화는 모든 주장과 권리를 잃었다. 콜럼버스의 시대로부터 500년 후, 고유한 세계관과 다양한 지식체계를 가진 비서구 문화는 모든 주장과 권리를 잃게 되었다. 500년 전 그 당시에는 이들의 인간성(humanity)이 말살되었다면, 이제는 이들의 지성과 지식이 말살되고 있다. 15, 16세기의 특허에 의해서는, 정복된 영토는 주인 없는 것으로 취급되었다. 사람들은 "우리의 백성들"로 귀화되었다.

이런 귀화에 의한 정복과 똑같은 방식으로, 생물 다양성은 '자연'으로 규정되고 있다. 즉 비서구적 지식체계의 문화적·지적 공헌은 체계적으로 삭제되고 있는 것이다. 오늘날의 특허는 콜럼버스나 캐벗 경(Sir John Cabot), 길버

트 경(Sir Humphery Gilbert), 랠레이 경(Sir Walter Raleigh)에게 발급된 그것들과 연속성을 지니고 있다. WTO와 생물체에 대한 특허, 토착지식의 특허 및 유전공학을 둘러싸고 치열해지고 있는 갈등은, 다름아니라 콜럼버스가 열어놓은 서양 제국주의의 제3세계 약탈이 다시 시작된 데 그 원인이 있다고 볼 수 있기 때문이다.

콜럼버스의 신대륙 발견의 핵심은, 해적질을 식민통치자들이 식민지 구제에 필요한 자연스러운 권리로 간주하는 것에 있다. 그리고 WTO와 특허법의 핵심은, 생물 해적질(biopiracy)[5]을 서구 기업들이 제3세계 지역 공동체를 발전시키는 데 필요한 자연스러운 권리로 간주하는 것이다.

생물 해적질은 콜럼버스 500년 후의 콜럼버스적인 '발견'인 것이다. 그리고 특허는 서구 권력이 갖는 권리로서 여전히 비서구인들의 부(富)에 대한 서구인들의 해적질을 보호하기 위한 수단이다.

바야흐로 특허와 유전공학을 통해 새로운 식민지들이 생겨나고 있다. 토지·숲·강·바다 그리고 대기권이 모두 식민화되고 황폐화되고 오염되고 있다. 이제 자본은 계

---

5) biopiracy라는 용어는, 1993년 무렵에 국제농업진흥기금(RAFI) 회장 무니(Pat Mooney)가 맨 처음 사용하기 시작했던 것으로 알려져 있다(Martinez-Alier, 1997, p. 196). 그후 biopiracy는 선진국과 다국적기업에 적대적인 조직들에 의해 정의롭지 못한 의미로 널리 사용되고 있다. —옮긴이

자연과 지식의 약탈자들

속적인 축적을 위해 침략하고 착취할 새로운 식민지를 찾아야 한다. 나의 생각으로는, 이제 자본의 새로운 식민지는 여성·식물·동물의 내부공간(즉 육체)이다. 따라서 생물 해적질에 대한 저항은 궁극적으로 생명 그 자체에 대한 식민화, 다시 말해 자연과 관련된 비서구적 전통의 미래, 나아가 진화의 미래를 식민화하는 데 대한 저항이다. 또 이것은 다양한 종들이 진화할 수 있는 자유를 보호하는 투쟁이자, 다양한 문화가 진화할 수 있는 자유를 보호하는 투쟁이다. 또한 문화적·생물적 다양성 모두를 보전하는 투쟁이다.

지식, 창조성, 지적 재산권

제1장

지식, 창조성, 지적 재산권

창조성이란 무엇인가? 이 질문은 생명에 대한 특허를 두고 현재 벌어지고 있는 논쟁의 한복판에 놓여 있는 핵심적인 주제이다. 생명에 대한 특허는, 자기조직할 수 있는 자유를 통해 생식·증식하는 유기체에 내재해 있는 창조성을 사유화(enclose)한다. 이는 여성·식물·동물 육체의 내부공간을 사유화한다. 또 이것은 공적으로 창출된 지식을 사적 재산으로 변환시킴으로써 지적 창조성의 자유스런 공간을 사유화한다.

일반적으로 생명체에 대한 지적 재산권은 창조성에 대한 보상이며 이를 촉진하기 위한 것이라고 가정되고 있다. 그러나 그 영향은 실제로 정반대이다. 오히려 생명체 본래의 창조성과 지식의 사회적 생산을 질식시킨다.

다양한 창조성

과학은 개인적이고도 집단적인 인간 창조성의 표출이다. 창조성은 다양한 표출수단을 갖기 때문에, 나는 과학을 서로 다른 '앎의 방식'을 가리키는 다원적인 기획(enterprise)이라고 본다. 나에게 과학은 현대 서구 과학에 한정되지 않으며, 서로 다른 역사적 시기에 나타난 다양한 문화의 지식체계를 포함하는 것이다.

과학사·과학철학·과학사회학에서의 최근 연구들에서 볼 수 있듯이, 과학자들은 직접적·중립적 관찰을 기반으로 해서 이론을 도출한다는 추상적인 과학적 방법에 따라서 연구하는 것이 아니라는 사실이 밝혀졌다. 다른 모든 것들과 마찬가지로, 과학적 주장들은 검증주의적(verifica-tionalist) 모형으로부터 나오는 것이 아니라 전제된 메타포와 패러다임에 대한 특정 과학자 집단의 헌신(commit-ment)으로부터 나오는 것이며, 관찰 및 사실의 지위뿐 아니라 용어나 개념의 의미까지도 이러한 헌신에 의해 좌우되는 것이다.

이렇듯 실천에 근거한, 과학에 대한 새로운 해석은 우리가 토착적인 비서구 과학의 이론적 주장과 현대 서구 과학

의 주장을 구별할 수 있는 그 어떤 기준도 남겨놓지 않는
다. 비서구 문화 속에서 훨씬 더 광범위하게 통용되고 있
는 것이 오히려 후자, 즉 현대 서구 과학이라는 사실은,
문화적 중립성보다는 서구 문화 및 경제의 헤게모니와 더
깊은 관련을 갖고 있는 것이다.[1] 창조성의 다양한 전통을
인식하는 것은 다양한 지식체계들을 유지하는 데 필수적
인 요소이다. 특히 생태 파괴가 만연해 있는 시대에 이것
은 더욱 중요하다. 생태적 지식과 통찰의 아주 작은 원천
이라도 전인류의 미래를 위한 결정적인 연결고리가 될 수
있기 때문이다.

　토착적인 지식체계는 대체로 생태적인 데 비해, 환원주
의와 분절화를 그 특징으로 하고 있는 지배적인 과학적 지
식모형은 자연 속의 상호관련성과 복잡성을 충분히 고려
하지 못하고 있다. 이러한 부적합성은 살아 있는 유기체를
다루는 생명과학의 영역에서 가장 극명하게 드러난다. 생
명과학에서의 창조성을 논하기 위해서는 다음 세 가지 차
원을 포함해야 한다.

---

1) 과학사회학이나 과학사·과학철학 분야에서는 오래 전부터, 자연에
　대한 사심 없는 관찰 및 실험을 통해서 이론을 얻거나 검증 혹은 반증
　하여 과학적 지식을 얻을 수 있다는 실증주의적인 과학 이해로부터
　벗어나려는 다양한 시도가 진행되어 왔다. 이와 관련하여 최근의 과
　학사회학적인 성과에 대해서는 홍성욱 (1999), 『생산력과 문화로서의
　과학기술』, 문학과지성사, 제1장 참조.—옮긴이

1. 살아 있는 유기체에 내재해 있으면서 스스로를 진화·재창조·재생하는 창조성
2. 지구의 풍요한 생물 다양성을 보전하고 이용하는 지식체계를 발전시켜 온 토착 공동체의 창조성
3. 대학이나 기업의 연구소에서 살아 있는 유기체를 이용하여 이윤 창출방법을 찾는 현대 과학자들의 창조성

이러한 다양한 창조성에 대한 인식은 여러 문화를 초월해서, 그리고 대학 내에서의 지적 다양성의 보전과 더불어 생물 다양성의 보전에도 필수적인 것이다.

지적 재산권은 지적 다양성을 파괴한다

지적 재산권은 지적인 창조성에 대한 보상과 인정이라고 일컬어지고 있다. 하지만 지적 재산권이라는 맥락 속에서는 지식과 창조성이 너무 협소하게 정의됨으로 해서 자연과 비서구 지식체계의 창조성은 무시되고 있다. 이론적으로 지적 재산권은 정신의 산물에 대한 재산권이다. 사람은 누구나 혁신하고 창조한다. 따라서 지적 재산권 체제가 서로 다른 사회의 창조성과 혁신을 설명할 수 있는 지식의 다양성을 반영한다면, 이러한 체제는 지적 재산체계 및 권리체계를 반영하여 반드시 다원적이어야 한다. 이렇게 되

면 여기에서 놀랄 만큼 풍부한 변형(permutation)과 조합
이 생겨날 것이다.

WTO와 생물다양성협약[2]과 같이 세계적인 수준에서 논
의되거나 미국 무역법의 슈퍼 301조를 통해서 일방적으로
부과되는 것처럼, 지적 재산권은 지식의 획일화(mono-
culture)[3]로 가는 처방이다. 이러한 도구들은 미국의 특허
체제를 전세계적으로 보편화시키는 데 이용되고 있을 뿐
아니라, 서로 다른 앎의 방식과 지식창조의 서로 다른 목
적들, 그리고 서로 다른 지식 공유양식들을 대체함으로써
필연적으로 지적·문화적 빈곤을 가져올 것이다.

WTO의 최종 법안에 담겨 있는 TRIPs협약은 혁신에 대
한 매우 제한적인 개념에 근거하고 있다. 이 정의에 따르
면, 초국적기업에게는 유리하게 그리고 일반적으로는 시
민, 특히 제3세계의 농민과 삼림지역 거주자들에게 불리
하게 되어 있다.

TRIPs협약을 통해 이루어진 첫번째 제한은 (지적 공유

---

2) 1992년 리우 회의에서 기후변화협약과 함께 채택된 172개국의 전지구
적 조약으로서, 전지구적 생물 다양성의 보존 필요성을 담은 최초의
국제협약이다. 이 조약은 가맹국들에 (1) 생물 다양성의 보존 (2) 생
물자원의 지속 가능한 사용 (3) 그로부터 나오는 이익의 균등한 분배
를 의무로 부과하고 있으나, 추상적 수준에서만 합의하고 있고 구체적
인 실천방안은 결여되어 있는 관계로, 그 해석을 두고 선진국과 후진
국, 기업과 시민사회 간에 논란이 되고 있다. —옮긴이
3) culture는 경작의 의미와 문화의 의미를 모두 가지고 있다. 여기서는
문화의 의미로 해석하는 것이 맞을 것이다. —옮긴이

물에 대한) 공동의 권리를 사적인 권리로 변화시킨 것이다. TRIPs협약의 서문에서 언급하고 있듯이, 지적 재산권은 사적인 권리로만 인식된다. 여기서는 마을의 농민들 사이에서, 숲의 부족민들 사이에서, 심지어 대학의 과학자들 사이에서 '지적 공유물(intellectual commons)' 형태로 발생하는 모든 종류의 지식·아이디어·혁신을 허용하지 않는다. 따라서 TRIPs는 지적 공유물의 사유화와 시민사회의 탈지성화를 위한 메커니즘이 되며, 정신은 기업의 독점물로 전략한다.

지적 재산권에 의한 두번째 제한은, 지식과 혁신은 사회적 필요를 충족시킬 때가 아니라 이윤을 창출할 때 비로소 인정된다는 것이다. TRIPs협약의 27조 1항에 따르면, 혁신은 산업분야에서 응용될 수 있어야 한다. 이것은 산업조직 밖에서 생산하고 혁신하는 모든 부문들을 즉각 배제한다는 것을 의미한다. 이윤과 자본축적이 창조성의 유일한 목적이 되는 것이다. 사회적 공동선은 더 이상 인정되지 않는다. 이리하여 기업의 통제하에서는 사회의 비공식 부문에서 소규모생산의 '탈산업화'가 일어난다.

자연과 타문화의 창조성을 거부하고 창조성이 상업적 이익을 위해 착취되면서, 지적 재산권은 지적 도둑질과 생물 해적질의 또 다른 이름이 된다. 이와 동시에 지식과 자원의 원소유자들이 전통적인 공동권리를 주장하는 것은 오히려 '해적질'과 '도둑질'로 둔갑해 버린다.

미국국제무역위원회(U. S. International Trade Commission)
는, 제3세계의 지적 재산권 보호의 취약성 때문에 미국 산
업은 연간 100만~300만 달러의 손실을 보고 있다고 주장
한다(Shiva, 1993). 그러나 미국에서 상업적 이해관계에 의
해 자유로이 이용되고 있는, 제3세계의 생물 다양성과 지
적 전통의 가치를 염두에 둔다면, 해적질에 열심인 것은
오히려 미국이지 결코 인도 같은 나라들이 아니다.

미국의 많은 특허들이 제3세계의 생물 다양성과 지식에
근거하고 있음에도 불구하고, 지적 재산권이 보호되지 않
으면 창조성은 묻혀버릴 것이라는 잘못된 가설이 설정되
고 있다. 셔우드(Robert Sherwood)는 이렇게 말한다.

어느 나라에서나 인간의 창조성은 광대한 국가적 자
원이다. 언덕에 매장되어 있는 금처럼, 채굴을 장려하지
않으면 그대로 묻혀 있을 것이다. 이러한 자원을 끌어낼
수 있는 도구가 바로 지적 재산권 보호이다.(Sherwood,
1990)

지적 재산권 보호를 위한 공식적인 체제가 제대로 자리
잡고 있을 때만이 창조성이 자유로워질 수 있다는 이러한
해석은 모든 사회의 비이윤적 동기에 의해 창출되는 창조
성뿐만 아니라 자연의 창조성을 총체적으로 부정하는 것
이다. 나아가 전통문화와 공공영역에서 창출되는 혁신의

역할을 부정하는 것이다. 사실 지적 재산권에 대한 지배적인 해석은 창조성에 대한 이해를 완전히 왜곡시키고 있으며, 그 결과 불평등과 빈곤의 역사에 대한 이해마저 왜곡시키고 있다.

부유한 선진 산업국가들과 가난한 제3세계 국가들 간의 경제적 불평등은 500년의 식민주의가 가져온 산물이며, 제3세계로부터 부를 끌어내는 메커니즘을 계속 유지하고 창출해 온 결과이다. 유엔개발계획(UNDP)에 따르면, 연간 500억 달러가 원조의 형식으로 선진국에서 후진국으로 흘러 들어가고 있다. 그에 비해 후진국들은 외채의 이자지불과 불평등한 무역조건에서 비롯한 상품가격의 불공정으로 인해 연간 5천억 달러를 손해보고 있다.

그런데 지적 재산권 옹호론자들은 이와 같이 제3세계 빈곤의 근저에 가로놓여 있는 국제경제 체계의 구조적 불평등은 간과한 채, 제3세계의 빈곤은 지적 재산권 보호가 미흡해서 발생하는 창조성의 결여 때문이라고 설명하고 있다. 예를 들어 셔우드는 자신의 저서 『지적 재산과 경제발전(Intellectual Property and Economic Development)』에서, 실화와 가상적인 이야기 두 개를 서로 연관시키고 있다. 이 책에서 셔우드는 지적 재산권이 보호되지 않는 국가와 효과적으로 보호되고 있는 국가의 보통사람들의 사고방식(mindset)을 극명하게 대비시키고자 시도한다.

몇 년 전, 저자가 뉴욕 북부에서 살고 있을 때 이웃에 살던 한 펌프 제조회사 세일즈맨은 고객들을 방문하고 다니다가 특정한 종류의 압력밸브가 쓸모 있다는 사실을 알게 되었다. 그의 아내는 회의적이었지만, 그는 밤 시간과 주말을 이용해서 자기가 생각한 밸브를 디자인하여 마침내 특허까지 얻었다. 그후 그는 이 특허를 이용해서 자기 집을 담보로 은행에 대출을 받았다. 그는 직원 몇 명을 고용한 소규모 사업을 시작했으며, 20년 후에 새로운 밸브들이 나올 때까지 (경제의) 승수효과 (multiplier-effect)[4]에 기여하였다. 그가 지적 재산에 대해 특별히 생각한 것은 전혀 없었다. 다만 그는 특허를 얻어서 이것으로 사업을 추진하는 것을 당연하게 여겼다.

페루의 리마에 사는 카를로스(개발도상국가들을 대표하는 허구적인 인물)는 트럭과 자동차 밑에 달린 소음기를 용접하는 일을 하는 청년이었는데, 그의 생활은 그리 풍요롭지 못했다. 그는 용접일을 하다가 간단한 소음기 장착용 꺾쇠를 고안해 냈다. 그의 아내는 회의적이었다. 그가 밤시간과 주말을 투자하여 그 꺾쇠를 디자인하고 개발할 것인가? 원형틀을 제조하는 데도 도움이 필

---

4) 경제학 용어로서, 어떤 한 경제에 일정량이 투입되었을 때 그 양만큼만 산출되는 것이 아니라 그 산출이 경제에 다시 투입되고 또 산출이 나오고 하는 과정의 반복을 통해 등비급수처럼 경제산출이 증가한다는 효과를 말한다. ─옮긴이

요할 것이다. 그는 자기 친구를 주물노동자로 끌어들일 것인가? 금속과 도구를 구입할 돈도 필요하다. 그가 매트리스 밑에 숨겨놓은 돈을 사용할 것인가? 아니면 버스를 타고 도시 저쪽 편에 사는 매제에게 가서 돈을 빌릴 것인가? 이러한 각각의 질문에 대한 대답은 지적 재산 보호의 취약성 때문에 부정적인 쪽으로 작용할 것이다. 지적 재산에 대해 깊이 생각하지 않더라도 그의 아내와 매제, 심지어 카를로스 자신도 상식적으로 그 아이디어가 매우 빈약하며, 다른 사람이 가로챌 확률이 크다는 것을 알고 있다. 그는 자신의 아이디어가 당연히 보호받을 것이라는 생각을 전혀 하지 못한다.

이 이야기에서, 카를로스는 자신의 아이디어가 보호받을 것이라는 확신이 없기 때문에 각각의 문제를 결정하는 시점에서 어떤 식으로든 부정적인 결정을 내리게 될 것이다. 만약 카를로스 이야기가 한 나라에서 여러 번 반복된다면, 그 나라의 기회상실은 엄청날 것이다. 효과적인 보호체계가 현실화된다면, 지적 자산은 가치 있으며 보호받을 가치 또한 있다는 확신이 커져나갈 것이다. 그렇게 되면 지적 재산 보호체계의 핵심인 독창적이고 창조적인 습관이 사람들 사이에 퍼져나갈 것이다. (같은 책, pp. 196~97)

지적 재산권 이데올로기의 핵심에는, 사람들은 이윤을

창출할 수 있고 지적 재산권의 보호를 통해 이것을 보장받을 수 있을 때에만 창조적이라고 보는 오류가 숨어 있다. 이것은 곧 이윤을 목적으로 하는 연구에 의해 촉발되지 않는 과학적 창조성을 부정하는 것이다. 또 아이디어의 자유로운 교환이 바로 창조성의 조건이 되는 전통사회와 현대 과학공동체의 창조성을 부정한다.

특허는 자유로운 교환의 장애물이다

사실 특허가 혁신을 촉진시킨다는 증거는 없다. 라이히(Leonard Reich)가 1985년에 발표한『미국 산업연구의 형성(*The Making of Americal Industrial Research*)』에서는 특허가 다른 기업들이 시장에 진입하는 것을 방어하기 위해 이용된다는 것을 보여주고 있다. 예를 들어 식물 품종에 대한 보호가 확장되고 미국 법원이 특허를 생명체에까지 확장하려 함에 따라, 지난 수십 년 동안 전세계적으로 몇몇 독립적인 종자회사들이 눈에 띄게 쇠락해 갔다. 그런가 하면 석유화학 및 의약 산업부문의 거물급 기업들은 종자시장으로 연구를 확장해 가고 있다.[5] 이러한 과점(oligopoly)은

---

5) 최근 들어 종자회사와 식품회사, 농화학회사(비료 및 농약)와 의약품 회사 등 생명공학을 이용하는 생명관련 산업은 서로 수직계열화하는 경향을 보이면서 엄청난 규모로 독과점화되고 있다. 그 대표적인 예가 몬산토(Monsanto) 사인데, 몬산토는 합병을 통해 농화학 산업 세계 3

대개 혁신과정을 촉진하기보다 그 속도를 늦추게 된다.

선진 산업국가에서조차도 강력한 특허제도는 경제발전의 주된 요소가 아니었다. 1977년 테일러(C. T. Taylor)와 실버스톤(A. Silverstone)이 영국의 44개 대규모 산업영역에 대해 실시한 연구조사에 따르면, 예외를 보인 2차 화학산업을 제외하고는 조사대상이었던 모든 영역에서 특허가 혁신 속도와 방향에 미치는 영향이 전체적으로 매우 낮은 것으로 나타났다. 또 맨스필드(Edwin Mansfield)는 1981~83년 자료를 가지고 미국 산업을 연구하였다. 12개 산업부문 내 100개 기업을 무작위로 선정하여 연구한 결과, 전기장치·사무장치·자동차·계기(instrument)·1차금속·고무·섬유 산업부문의 경우 특허보호가 필수적인 것은 아니었으며, 석유·기계·조립금속 등 3개 산업부문에서는 특허보호가 발명에 결정적인 영향을 미친 것은 전체 발명의 10~20% 정도에 불과한 것으로 평가되었다. 그리고 의약품과 화학 산업부문에서는 특허보호가 발명의 80%에 필수적인 것으로 나타났다.

따라서 특허는 발명과 창조성의 환경을 발전시키는 데 반드시 필요한 것이라기보다 시장통제의 도구로서 더 중요한 의미를 가진다고 볼 수 있다. 사실 특허가 존재함으

위(이 회사에서 만든 제초제 Round-Up(한국상표 근사미)은 전세계에서 가장 많이 팔리고 있다), 종묘산업 세계 2위 자리를 차지하고 있으며(1998년 말 기준), 최근 파르마시아 업존(Pharmacia UpJohn) 사와 합병하여 제약산업 세계 1위에 오르게 되었다. —옮긴이

로 해서 과학자들 사이의 자유로운 교환이 억제되고 과학
공동체의 사회적 창조성이 침해된다.

  지적 재산권의 가장 강력한 보호형태가 바로 특허이다.
특허가 과학적 연구와 관련을 맺는 곳에서는 어김없이 그
결과는 의사소통의 종말로 나타났다. 비록 (소설 같은) 대
중적 신화가 묘사하고 있는 것과 같이 과학자들이 개방적
이었던 적은 없었지만, 특허보호를 추구하는 상업적 기업
들과 함께 일하는 과학자들이 과학적 의사소통에 대해 가
하는 위협은 심각한 우려를 낳고 있다. 저명한 핵생물학자
엡스타인(Emanuel Epstein)은 다음과 같이 말하고 있다.

  과거에는 동료들이 때때로 서로 아이디어를 교환하고,
섬광계수기(scintillation counter)나 전기영동장치(electro-
phoresis cell)와 같이 방금 나온 따끈따끈한 최신 연구결
과들을 공유하고, 논문 초고를 돌려보는 열정적인 연구
분위기 속에서 서로 친구처럼 지내고 처신하는 것이 세
상에서 가장 자연스러운 일이었다.
  이젠 더 이상 그렇지 않다. (곡물 개량)에 대한 희망
적인 새로운 관점을 가진 UCD(캘리포니아 대학 데이비
스 분교)의 과학자들도, 데이비스에 있는 곡물 유전자
관련 분야의 두 개 사기업과 관계를 맺고 있는 사람들이
라든가 혹은 이런 관련자들에게 말할 수도 있는 자기 동
료들에게 자신들의 이런 새로운 관점에 대해 털어놓기

전에 한 번 더 생각할 것이다. 나는 이러한 금기가 이미 캠퍼스에 퍼져 있다는 것을 알고 있다.(Kenny, 1986, p. 109, 110에서 재인용)

그리고 케니(Martin Kenny)는 산학복합체 내에서 나타나고 있는 과학적 개방성의 폐쇄화에 대해 이렇게 말한다.

…도둑맞거나 어떤 사람의 작품이 상품으로 바뀌는 것을 보는 두려움은 동료라고 생각되었던 사람들을 침묵하게 한다. 어떤 사람이 만든 것이, 그에 대한 어떤 통제력도 가지지 않은 누군가에 의해 판매를 위한 생산물로 바뀌는 것을 볼 때 능욕당한 기분을 느낄 수 있다. 일에 대한 사랑은 평범한 상품으로 바뀌고 있다. 이제 일은 시장가격을 기반으로 해서 교환되는 물품(item)이다. 돈이 점차 과학발전의 가치를 중재하는 결정자가 되어가고 있다.(같은 책)

개방성, 아이디어와 정보 및 자료와 테크닉의 자유로운 교환은 연구공동체의 창조성과 생산성에서 결정적으로 중요한 것이었다.

그러나 과학에 비밀이 도입되면서, 지적 재산권과 이와 관련된 지식의 상업화·사유화는 과학공동체를 고사시키고 그에 따라 창조성의 잠재력까지 말살할 것이다. 지적 재산권은 창조성의 원천 자체를 죽여가면서 창조성을 착취한다. 저수지가 물을 계속 공급받지 못하면 곧 말라버린다는 자명한 사실을 모르는 사람은 아무도 없다. 또한 나무의 뿌리에 영양이 공급되지 않으면 그 나무는 죽는다는 것도 상식이다.

이처럼 지적 재산권은 사회적 창조성의 산물을 효율적으로 수확하는 메커니즘은 될지언정, 지혜의 나무를 가꾸고 기르는 데는 비효율적인 메커니즘이다.

지혜의 나무에 가해지는 위협

과학적 지혜의 나무는 이윤을 위해 급격히 착취당하고 수확되면서 그 뿌리는 영양실조로 죽어가고 있다. 그 가운데 가장 심각한 과정은 에렌펠트(David Ehrenfeld)가 '망각'이라고 부른 것이다.

특정한 과학 분과 및 분야는 상업화 과정을 통해 이윤을 획득하고 있지만, 그 밖의 분과들은 설령 그 분야가 지식 체계의 기반에서 필수적인 것이라 할지라도 경시되고 있다. 지적 재산권은 상업적 이윤의 확대라는 목표를 지향하는 쪽으로 연구를 왜곡시키고 있다. 분자생물학이 생명기술 산업에 테크닉을 제공하는 주된 원천이 되면서, 다른 생물학 분과들은 점점 위축되어 죽어가고 있다. 그리하여 우리는 어떤 식물이나 동물을 다른 것과 구별할 수 있는 (분류)능력을 잃어가고 있으며, 기존의 종들이 종들간 혹은 환경과 어떻게 상호 작용하는지를 망각해 가고 있는 것이다.

예를 들어 지렁이는 우리의 생존에 꼭 필요한 종 가운데 하나이다. 농업은 토양의 비옥도에 의존하며, 토양 비옥도는 상당 부분 지렁이에 의존한다. 지렁이는 자신의 배설물을 퇴적하여 토양의 공기와 물 투과성을 증가시킴으로써 토양의 비옥도를 증진시킨다. 1891년에 다윈(Charles Darwin)은 자신의 마지막 저작인 지렁이에 관한 평생의 연구결과를 출판했는데, 다음과 같이 쓰고 있다.

이러한 하등 창조물처럼 세계 역사상 중요한 역할을 해온 다른 동물이 더 있을지 의심스럽다.(Darwin, 1891)

하지만 에렌펠트가 언급하고 있듯이, 지렁이 생태학을 공부하는 사람은 점차 사라지고 있다.

이 글을 쓰고 있는 현재, 북미의 지렁이 분류학에 밝은 활동적인 과학자는 딱 한 사람 있다. 그는 아이오와주에 있는 작은 사립대학에 재직하고 있다. 또 한 사람, 이 지렁이 분류학자는 푸에르토리코의 한 대학에서 일하고 있다. 그러나 그녀는 최근에 스페인에서 교육받았을 뿐이다. 그리고 또 한 명의 지렁이 분류학자는 자기 어머니에게서 교육을 받았는데, 오레곤 주의 한 우체국에서 근무하고 있다. 마지막으로 북미의 네번째 지렁이 분류학자는 멕시코 북부 출신인데, 지금은 캐나다의 뉴브룬스웍에서 경찰 변호사로 생계를 꾸려가고 있다. 미국과 캐나다에는 지렁이 분류학을 공부하는 대학원생이 더 이상 없다. 50년 전에는 적어도 다섯 명의 미국 과학자에다 그들 밑에서 공부하는 학생들이 이 분야에서 활동했었다. 세계의 다른 지역들에서도 상황은 다르지 않다. 오랫동안 지렁이 연구로 유명했던 오스트레일리아에는 이제 이 분야의 연구자가 한 명도 없다. 대영박물관은 지렁이 분류학을 이제 접었다.

지렁이의 사례는 특이한 것이 아니다. 우리가 더 많은 진보를 할수록 우리는 더 많은 것을 잊는다. 무지의 바다 속에서 우리의 비싼 기술이 무슨 소용이 있는가? (Ehrenfeld, 1993, p. 70, 71)

(연구의) 우선순위의 기준이 사회적 필요에서, 상업적으로 지원받는 연구의 기본 기준인 투자의 잠재수익성으로 옮겨간다면 지식과 학습의 모든 흐름은 잊혀지고 사라질 것이다. 이러한 다양한 분야들이 상업적으로는 효율성이 없어 유리하지 않다 하더라도 사회적으로는 필요하다. 생태문제에 직면한 우리 사회는 인식론·생태학 그리고

진화 및 발전생물학을 필요로 한다. 생물 다양성이 상실되는 위기에 직면해서, 미생물·곤충·식물 같은 특정 분류학적 집단을 연구하는 전문가들이 우리에게 필요하다. 우리에게 유용하고 필요한 것을 무시하고 이윤 창출과 확대에만 집착하는 것은 곧 우리 스스로 지적 다양성의 창출을 위한 사회적 조건을 파괴하고 있는 것과 다름없다.

지적 공유물의 사유화: 지식의 엔클로저 운동

지혜의 나무는, 내가 말하는 이른바 "지적 공유물의 사유화"에 의해서도 시들어가고 있다. 지적 재산권에 의해 사유화되는 기술혁신은 그 전제조건으로 공공영역에서의 혁신을 반드시 필요로 한다. 하지만 지적 재산권과 연결된 '투자수익' 논리에 의해 공공영역에 대한 공적인 지원은 제대로 이루어지지 못하고 있다. 설사 공적 자금이 지원된다고 해도, 특허 가능한 개발의 토대가 되는 연구에 투자가 집중되고 있으며, 또 그 결과물은 대부분 특허 가능한 발견을 위한 응용연구에 활용되고 그 보상은 사적으로 전유된다.

TRIPs와 생명에 대한 특허에 반대하는 운동은 자연과 다양한 지식체계의 창조성을 보호하는 운동이다. 우리의 미래는 이러한 창조성의 보전에 달려 있다.

제2장
인간이 생명을 만들고 소유할 수 있는가

유전공학과 환원주의적 생물학 패러다임의 발흥
만드는 것(engineering) 대 성장하는 것(growing)
유전공학의 윤리적 함의
유전공학의 생태적 · 사회경제적 함의
생명을 축복하고 보전한다는 것

제2장

인간이 생명을 만들고 소유할 수 있는가
생물 다양성에 대한 재정의

1971년, 제너럴 일렉트릭 사와 이 회사의 연구원 차크라바티(Anand Mohan Chakravarty)는 유전자 조작된 슈도모나스(pseudomonas) 박테리아에 대해 미국 특허를 출원했다. 차크라바티는 세 종류의 박테리아로부터 플라스미드(plasmid)[1]를 추출하여 다른 종류의 박테리아에 이식하였는데, 이에 대해 그는 다음과 같이 설명했다. "나는 단순히 유전자를 섞어서, 이미 존재하고 있던 박테리아를 변

---

1) 세균이나 일부 곰팡이에 있는 원형의 DNA. 플라스미드는 염색체와 상관없이 복제되며 다른 세포로 이동 가능하다. 유전공학에서 사용되는 주요한 운반체의 하나. ─옮긴이

형시킨 것이다."

차크라바티는 결국 특허를 얻었다. 그 근거는 그 미생물이 자연적 산물이 아니라 그의 발명품이고, 그렇기 때문에 특허를 인정받을 만하다는 것이었다. 미국의 저명한 변호사 킴브렐(Andrew Kimbrell)은 "전례를 깨뜨리는 이 결정을 내리는 과정에서, 발명자 스스로가 사실은 단순히 유전자를 '이식'한 것이었을 뿐 생명을 창조한 것은 아니라고 설명했다는 점을 법원측이 알아차리지 못했던 것 같다"고 논평했다(Kimbrell, 1993).

생명에 대한 최초의 특허는 이와 같이 모호한 사실을 근거로 해서 부여되었다. 그후 미국 정부는, 식물이나 동물에 대해 특허를 부여하는 것을 원칙적으로 불허한다는 미국 법령에도 불구하고 모든 종류의 생명체들에 대대적으로 특허를 부여해 오고 있다.

현재 미국에는 여러 연구자들과 기업들이 물고기, 암소, 생쥐, 돼지 등 190종이 넘는 유전자 조작된 동물들의 특허를 얻기 위해 길게 줄을 서 있는 실정이다.

킴브렐은 이렇게 말한다.

차크라바티의 판례에 대한 대법원의 결정은 계속 확대되어 생명의 사슬 전체로까지 번졌다. 미생물에 대한 특허의 인정은 식물에 대한 특허 인장으로 걷잡을 수 없이 이어졌고, 그리고 동물에게까지 확대되었다.(같은 책)

바야흐로 생물 다양성이란 개념은 '생명공학적 발명'으로 재정의되어 버리고 만 것이다. 그러나 이것은 생명체에 특허를 부여하는 문제를 그리 논쟁할 여지가 있는 사안이 아닌 것처럼 보이도록 하려는 의도의 산물이다. 일단 특허가 인정되면 20년 동안은 효력이 인정되며, 그에 따라 미래 세대의 식물과 동물에까지도 확장된다.

　하지만 아무리 대학과 기업의 과학자들이 유전자를 뒤섞어 특허를 얻는다 하더라도, 그들은 결코 그 생명을 '창조'하는 것은 아니다. 미국 국립과학아카데미(The National Academy of Sciences) 미래전망위원회(Committee of Vision) 연구부장인 디스뮤크스(Key Dismukes)는, 획기적인 차크라바티의 판례에 대해 법원은 차크라바티가 "자연에서 발견되는 그 어떤 특성과도 확연히 다른 특성을 지닌 새로운 박테리아를 만들었다"는 측면에 주목했다고 언급하면서 다음과 같이 말한다.

　하나 확실히 해둘 것이 있다. 아난드 차크라바티는 새로운 형태의 생명을 창조한 것이 아니다. 그는 단지 특정 형질의 박테리아가 유전정보를 교환하는 정상적인 과정에 개입하여 변형된 신진대사 특성을 지닌 새로운 형질을 만들었을 뿐이다. '그의' 박테리아도 모든 단세포 생물이 살아가는 외부조건에서 생존하고 번식한다. 최근 들어 DNA 재조합 기술이 향상됨에 따라 차크라바티가 박테리아 유전자에 대해 했던 것보다 훨씬 더 직접적인 생화학적 조작이 가능해졌다. 그러나 이것 역시 생물학적 과정에 대한 변형에 불과하다.

　여전히 우리는 완전히 새로운 생명의 창조와는 가늠할 수 없을 만큼 멀리 떨어져 있다. 나는 이 사실에 대해 정말로 감사하고 있다. 그 박테리아는 차크라바티의 작품이지 자연의 것이 아니라는 주장은 인간의 능력을 터무니없이 과장하는 것이고, 우리 지구의 생태계에 (현재와 같이) 파국적인 영향을 미친 생물학의 무지와 오만을 드러내는 것이다.(Dismukes, 1991)

　이러한 무지와 오만은, 생명에 대한 특허 부여를 주장하는 환원주의적 생물학자들이 DNA의 95%에 대해 아직 그 기능이 알려져 있지 않다고 해서 '정크 DNA(junk DNA)'라고 주장할 때 더욱 확연히 드러난다. 유전공학자들이 생명을 '조작'했다고 주장하곤 하는데, 대개 이들은 이 같은 '정크 DNA'를 사용해야만 그러한 결과를 얻을 수 있다.

　프로테인 제약회사(Pharmaceutical Proteins Ltd.)의 과학자들이 '생물공학적 발명품'이라고 주장하는, 트레이시라는 이름이 붙여진 양의 경우를 한번 살펴보자. 트레이시는 '포유류 세포 생체반응기(mammalian cell bioreactor)'라고 일컬어지는데, 그 이유는 트레이시의 유선(乳腺)은 인간 유전자를 도입하여 이 제약회사에서 사용하는 알파-1-안티트립신(alpha-1-antitrypsin)이라는 단백질을 만들 수 있게 조작되었기 때문이다. 프로테인 사의 이사 론 제임스는 트레이시를 두고 이렇게 말했다. "(트레이시의) 유선은 매우 훌륭한 공장이다. 우리의 양떼들은 들판을 걸어다니는 북실북실한 공장들로서, 매우 훌륭한 공정을 수행하고 있다."

이들 유전공학자들은 '생명공학적 발명품'을 창조했다고 주장하지만, 프로테인 제약회사의 과학자들 역시 알파-1-안티트립신의 생산성을 높이기 위해 그 '정크 DNA'를 사용해야만 했다. "우리는 유전자에서 무작위적으로 남아도는 부분들 가운데 일부는 그대로 남겨두었다. 이런 부분들은 높은 생산성을 가능하게끔 신이 내려주신 핵심적인 부분들이라 할 수 있기 때문이다"라고 프로테인 사의 제임스 이사는 말한다. 하지만 특허를 주장할 때, 생물의 창조자로서의 신이 되는 것은 다름아니라 과학자들이다.

더구나 미래 세대의 동물(특허를 받은 동·식물들의 자손)들이 특허 보유자의 '발명품들'이 아님은 명백하다. 그들의 존재는 생물의 생식능력의 결과인 것이다. 특허의 은유적 의미는 '엔지니어'가 '기계를 만들었다'는 것이지만, 실제로 접합(hybrid) DNA가 삽입된 양의 수정란 550개 가운데 499개만 살아남았다는 사실에 주목해야 한다. 그리고 이 수정란들이 대리모 양에게 착상된 이후에 태어난 양은 112마리이며, 그 가운데서도 불과 다섯 마리 양에게

서만 인간의 유전자가 DNA에 성공적으로 결합되었을 뿐이다. 게다가 이 다섯 마리 중에서도 세 마리만 유선(乳腺)에서 알파-1-안티트립신을 생산하였는가 하면, 이 세 마리 가운데 두 마리의 알파-1-안티트립신 생산량은 리터당 3그램에 불과하다. 그리하여 트레이시는 유전자 조작된 112마리의 양 가운데 유일하게 "황금알을 낳는 양"이 되었으며, 리터당 30그램의 알파-1-안티트립신을 생산하고 있다.

환원주의적 생물학의 특징 가운데 하나는, 그 구조와 역할에 대해서 자세히 알지도 못하면서 생명체들과 그 기능들을 불필요한 것이라고 선언해 버리는 점이다. 이런 식으로 몇몇 농작물과 나무들은 '잡초'로 규정되어 버리고 (Shiva, 1993), 삼림과 가축 품종들은 '불필요한 것들'로 선언되어 버리기도 한다. 그리고 그 역할을 다 파악하지 못한 DNA는 '정크 DNA'로 불린다.

우리의 무지로 인해 DNA 분자 대부분을 필요없는 것으로 단정해 버리는 것은 생물체에 대한 (생물학적) 이해가 실패했음을 의미한다. 사실 '정크 DNA'는 (생명체의 생존에서) 핵심적인 역할을 수행한다. 트레이시의 단백질 생산이 바로 이 '정크 DNA'를 도입함으로써 증가되었다는 사실은, 프로테인 제약회사 과학자들의 지식과 창조성을 보여주었다기보다 그들의 무지를 드러낸 것이라고 해야 할 것이다.

유전공학은 결정론과 예측 가능성을 기반으로 해서 구성되어 있지만, 살아 있는 생명체에 대한 인간의 조작이라는 면에서는 여전히 비결정성과 예측 불가능성을 그 특성으로 하고 있다고 볼 수 있는 것이다. 뿐만 아니라 공학적 패러다임에 있어서 구상과 실행 사이의 간극이라는 문제와 더불어, 이익과 보상은 누가 소유하고 위험과 피해는 누가 부담할 것인가라는 문제에 존재하는 간극도 지적되어야만 한다.

생명체에 대한 재산권 주장은, 그 생명체가 새롭고 특이하며 자연적으로는 발생하지 않는다는 가정을 기반으로 하고 있다. 하지만 유전자 조작 생물체(genetically modified organism, GMO)가 자연에 방출되어 나타나는 결과에 대한 '책임자' 문제가 제기될 때는, 갑자기 그 생명체는 전혀 새롭지 않은 것처럼 취급된다. 그것들은 자연적인 것이기 때문에 안전하다고 주장하면서, 생명공학 안전성(biosafety)에 대한 논의는 전혀 불필요한 것인 양 취급한다(RDFI Communique, 1993, 6).

이처럼 생물체가 소유될 때는 그것은 자연적이 아닌 것으로 간주되고, 환경론자들이 GMO의 방출시 생태에 미치는 영향 문제를 제기할 경우에는 똑같은 생물체가 자연적인 것으로 간주된다. '자연적'이라는 개념의 구성에 대한 이와 같은 아전인수격 태도는, 최고의 객관성을 주장하는 과학이 실제로 자연에 대한 접근에서 얼마나 주관적이고 기회주의적인가라는 사실을 잘 보여주고 있다.

'자연적'이라는 개념 구성의 비일관성은 유아용 분유에 사용되는, 유전자 조작된 인간 단백질의 생산 사례에서 잘 드러나고 있다. 생명공학 회사인 젠 팜(Gen Pharm) 사는 허먼(Herman)이라는 세계 최초의 형질 전환된(transgenic) 젖소의 소유권자이다. 허먼은 아직 배(胚)의 상태에 있을 때, 이 회사의 과학자들에 의해 인간 단백질을 포함하는 우유를 생산할 수 있는 유전자를 보유하도록 생명공학적으로 조작되었다. 이 우유는 유아용 분유의 제조에 사용될 예정이었다.

조작된 유전자와 그것을 포함하고 있는 생물체는 허먼과 그 자손들의 소유권 같은 문제가 제기될 때에는 자연적인 것이 아닌 것으로 취급된다. 반면에 허먼의 자손들이 생산한 우유에서 추출된 성분을 함유한 유아용 분유의 안전성 문제에 대해서는, 젠 팜 사는 이렇게 말한다. "우리는 그 단백질을 자연에서 만들어지는 방법 그대로 만들고 있다."

이 회사 최고중역인 매퀴티(Jonathan McQuitty)는 유전자 조작된 인간 단백질로 만들어서 형질 전환 젖소의 우유에 포함된 분유는 모유와 같은 것임을 믿게 하는 데 주저치 않았다. "모유는 분유회사들이 따라가야 할 금과옥조이며, (이에 가까워지기 위해) 지난 20여 년 동안 모든 분유회사들은 점점 더 많은 인간 성분들을 추가해 오고 있다."

바로 이러한 관점에서 젖소·여성·아이 들은 단순한 상품생산과 이윤 극대화를 위한 도구가 되어버린다(New Scientists, 1993. 1. 9).

특허보호라는 목적과 건강 및 환경 보호라는 목적 사이에서 자연적인 것과 (유전공학적으로) 새로이 만들어지는 것의 개념을 정립하는 것이 이처럼 일관되지 못한 상황임에도 불구하고, 허먼의 '소유자'인 젠 팜 사는 형질 전환 젖소를 만드는 목적을 완전히 바꾸어버렸다. 이 회사는, 그 젖소를 교배에 사용하면 변형된 인간 유전자가 락토페린의 산출을 가능하게 하며 이것은 암이나 에이즈 환자에게 도움이 될 것이라 주장하면서, 한 발 더 나아가 도덕적으로 결백함을 보이려 하고 있다.

살아 있는 생명체에 대한 특허 부여는 두 가지 형태의 폭력을 부추긴다. 첫째는, 생물이 단순한 기계처럼 다뤄지게 되고, 그럼으로써 자기조직하는(self-organizing) 능력이 부정된다는 것이다. 두번째는, 미래 세대의 동식물에 대한 특허를 인정함으로써 살아 있는 생명체의 스스로 번식하는 능력 또한 부정된다는 사실이다.

살아 있는 생명체는 기계와 달리 스스로 조직하는 능력이 있다. 이와 같은 능력이 있기 때문에, 생명체를 단순한 '생명공학적 발명품' '유전자 구성물' 또는 '지식활동의 산물'로 간주하여 '지적 재산권' 보호의 대상인 것처럼 다루어서는 안 된다.

생명공학에서 공학적 패러다임은 생명을 만들 수 있다는 가정에 근거해 있다. 생명에 대한 특허 역시, 그것이 (인위적으로) 구성되었기 때문에 생명을 소유할 수 있다는 식의 가정을 그 바탕에 깔고 있다.

유전공학과 생명특허는, 산업혁명과 과학혁명의 단초가 되었던 과학의 상업화 및 자연의 상품화의 극단적인 표현이다. 머천트(Carolyn Merchant)가『자연의 죽음(*The Death of Nature*)』에서 분석하고 있듯이, 환원주의적 과학이 발전함에 따라 자연은 죽은 것, 활성이 없는 것 그리고 무가치한 것으로 다루어지게 되었다. 그리하여 자연에 대한 지배와 착취가 가능해졌고, 이 때문에 초래된 사회적 생태적 결과들은 전적으로 무시되었다(Merchant, 1980, p. 182).

또 환원주의적 과학의 발달은 과학의 상업화와 연관되고, 그로 인하여 여성과 비서구 인류에 대한 지배가 초래되었다. 이들의 다양한 지식체계는 정당한 앎의 방식으로 간주되지 못하였는가 하면, 상업화의 목적으로 환원주의가 과학적 타당성의 기준이 되었다. 비환원주의적이고 생태적인 앎의 방식과 체계들은 밖으로 밀려나면서 주변화되었다.

유전공학적 패러다임은 살아 있는 유기체와 생물 다양성을 '인공적'인 현상으로 재정의함으로써, 생태학적 패러다임의 마지막 영역마저 몰아내려 하고 있다. 그러나 유전공학과 생명공학 기업들의 상업적 이익을 뒷받침하는 환원주의적 생물학 패러다임의 발흥은 그 자체가 조작된 것이라 할 수 있다. 왜냐하면 이것은 연구자에 대한 포상과 인정뿐만 아니라 연구비 지원을 통해서 이루어져 왔기 때문이다.

유전공학과 환원주의적 생물학 패러다임의 발흥

생물학에서 환원주의는 다양한 측면을 가지고 있다. 종의 수준에서 보면, 환원주의는 단 하나의 종(즉 인류)에만 본질적인 가치를 부여하고, 다른 종들에 대해서는 도구적 가치만 부여하는 것이라고 할 수 있다. 그리하여 인간을 위해서 도구적인 가치가 없거나 그 가치가 낮은 종들은 제거되고 마침내 멸종에 이르게 된다. 단작과 그로 인한 생물 다양성의 훼손은 임업과 농업 · 어업에 적용된 생물학의 환원주의가 초래한 필연적인 결과이다. 우리는 이것을 1차 환원주의라고 부른다.

이어 환원주의적 생물학은 점차적으로 2차 환원주의, 즉 유전자적 환원주의로 성격이 변하면서 인간을 포함한 생명체의 모든 행태를 유전자로 환원하려는 시도를 한다. 그 결과 2차 환원주의는 1차 환원주의의 생태학적 위험을 더욱 증폭시키면서 아울러 생명체에 대한 특허와 같은 새로운 문제를 불러일으킨다.

또 생물학적 환원주의는 문화적 환원주의의 표출이라고 할 수 있는데, 그것은 생물학적 환원주의가 수많은 형태의 지식과 윤리체계의 가치를 폄하하기 때문이다. 이와 같은 서구적 입장에서의 가치폄하의 대상이 되는 것으로는, 유전자적 혹은 분자적 환원주의를 따르지 않는 서구 생물학뿐 아니라 모든 종류의 비서구적 농업과 의료체계들도 예외가 아니다. 하지만 사실 이러한 지식체계들은 살아 있는 세계를 유지하는 데 필수적인 요소들이다.

환원주의를 강력하게 제창한 사람은 바이즈만(August Weismann)이다. 약 100년 전에 바이즈만은 신체의 체세포와 생식세포 —— 생식계열(germ line) —— 를 완벽히 분리할 수 있다는 가설을 세웠다. 바이스만에 따르면, 생식세포는 초기 배(胚) 상태에서 이미 분리되어 그 상태로 성숙할 때까지 존속하다가 다음 세대의 탄생에 기여한다. 이런 주장은 환경과 직접적인 상호작용(feedback) 없이 획득된 형질은 유전되지 않는다는 생각을 뒷받침하였다.

실제로 거의 존재하지 않는다고 할 수 있을 '바이즈만 장벽'은 생물 다양성의 보전을 '생식질(germ plasm)'의 보전으로 논의하기 위해서 여전히 사용되는 개념이다. 바이스만의 주장에 따라 생식질은 외부세계로부터 격리되었다. 그리고 더 큰 생식능력을 의미하는 적자(適者)를 향한 진화는, 생존경쟁에서 살아남아 번성할 수 있었던 (환경과 무관하게 생식질 내의) 운 좋은 실수의 결과였다고 할 수 있다(Wesson, 1993, p. 19).

　1세기 전에 바이즈만이 했던 고전적인 실험은 획득형질의 유전 불가능성에 대한 증거로 여겨졌다. 그는 생쥐의 꼬리를 22세대 동안 연속적으로 잘랐으나, 그 이후 세대는 여전히 정상적인 꼬리를 가지고 태어났다. 수백 마리의 생쥐를 희생시킨 결과는, 다만 이런 종류의 불구는 유전되지 않는다는 것을 증명해 주었을 뿐이다(Pollard, 1984, pp. 291~315).

　(유전)정보가 단지 유전자에서 신체로만 전달된다는 가정은 분자생물학에 의해 지지받는 가설인데, 50년대에 핵산의 역할에 대한 발견 이후 멘델 유전학은 견고한 토대 위에 자리잡게 된다. 분자생물학은 유전자로부터 단백질로의 정보 복제과정을 보여주었고, 최근까지 반대방향으로의 전달의 증거는 제시하지 못하고 있다. 크릭(Francis Crick)의 다음과 같은 말처럼, 반대방향으로 전달이 불가능하다는 추론은 분자생물학의 중심 교리가 되었다. "일단 '정보'가 단백질로 전달되면, 그것은 다시 돌아나올 수 없다."(Crick, 1988)

　유전자를 '주인 분자'로 구분하려는 태도는 생물학적 결정론의 한 측면이다. 그리고 DNA로서의 유전자가 단백질을 만든다는 '중심 교리'는 결정론의 또 다른 측면이다. 이 교리는 실제로 유전자가 아무것도 '만들지' 않는다는 것이 밝혀진 후에도 계속 받아들여지고 있다. 『DNA의 원칙

(*The Doctrine of DNA*)』에서 르원틴(Richard Lewontin)은 이렇게 말한다.

> DNA는 죽은 분자로, 반응성이 없는 화학적 불활성 분자에 속한다. 따라서 스스로 재생산할 능력을 가지고 있지 못하다. 오히려 DNA는 단백질로 이루어진 복잡한 세포기관에 의해 기본적인 물질들로부터 만들어진다. 대개 DNA가 단백질을 생산한다고 이야기되고 있지만, 실제로는 단백질(효소)이 DNA를 만든다.
> 유전자가 자기복제를 한다고 말할 때, 우리는 유전자에 신비한 자발적 능력을 부여하여 이것을 신체의 다른 일반적인 물질들보다 우월한 것으로 간주하는 것이다. 그러나 만약 자기복제를 말한다면, 이것은 유전자가 아니라 복잡한 체계로서의 전체 생물체를 일컫는 것이다.
> (Lewontin, 1993)

이와 같이 우리는 유전공학에 의해 2차 환원주의로 인도되었다. 이것은 생물체들이 환경으로부터 격리되어 인지된다는 측면에서뿐만 아니라, 유전자가 전체 생물체로부터 격리되어 다루어진다는 측면에서도 마찬가지다.

분자생물학의 교리는 고전 역학의 기반 위에서 구상되었는데, 그 중심 교리는 궁극적으로 환원주의적 사고를 바탕으로 하고 있다. 플랑크(Max Planck), 보어(Niels Bohr),

아인슈타인(Albert Einstein), 슈뢰딩거(Erwin Schrodinger), 그리고 그들의 뛰어난 동료들이 뉴턴의 물리학적 우주관을 새롭게 방향정립하는 시도를 하고 있던 바로 그때, 생물학은 오히려 점점 더 환원주의적으로 되어갔다(Wesson, 1993, p. 29).

생물학에서의 환원주의는 우발적인 것이라기보다 용의주도하게 계획된 패러다임이라 할 수 있다. 케이(Lily E. Kay)는 『생명에 대한 분자적 시각(*The Molecular Vision of Life*)』에서 록펠러 재단은 30년대부터 50년대까지 분자생물학에 대해 주요한 후원자 역할을 했다고 밝히고 있다. '분자생물학'이라는 용어 자체가 1938년 록펠러 재단의 자연과학부 책임자였던 위버(Warren Weaver)에 의해서 만들어진 것이다. 이 용어에는 재단 프로그램의 핵심 기획이 의식적으로 반영되어 있는데, 그 핵심이라는 것은 궁극적으로 미세한 생물학적 실체들에 대한 강조였다.

환원주의 패러다임을 기반으로 해서 생물학을 인지적·구조적으로 재구성하려는 작업은 막강한 경제력을 소유한 록펠러 재단이 중심이 되어 거대한 규모로 촉진되었다. 1932∼59년에 록펠러 재단은 미국 내의 분자생물학 프로그램에 2500만 달러를 쏟아부었는데, 이것은 이 재단이 의학을 제외한 생물과학 분야에 사용한 총액(1940년 초반부터 농업분야에 사용한 막대한 금액도 포함했을 때)의 1/4이 넘는 액수였다(Kay, 1993, p. 6).

재단 기부금의 영향력은 분자생물학의 흐름을 형성시킬 정도로 막강했다. (DNA의 구조가 해명된) 1953년 이후 12년 동안 노벨상은 유전자와 관련된 분자생물학 분야에 종사하는 학자들에게 수여되었고, 노벨상 수상자 가운데 단 한 사람만 제외하고는 모두 위버의 관리하에서 록펠러 재단으로부터 전적 혹은 부분적으로 지원을 받았던 사람들이다(같은 책, p. 8).

새로운 (분자생물학 영역의) 과제에 대한 엄청난 투자에는, 자연과학·의학 및 사회과학을 기반으로 해서 사회적 통제에 대한 폭넓은 설명과 그 응용구조로서의 인간과학을 개발하려는 숨은 의도가 있었다. 20년대 후반에 착안되었던 이 새로운 과제는 이후 산업자본주의의 사회적 틀에 부응하는 인간관계를 재구성하려는 목적을 가진 인간공학의 현대 기술관료적인 담론 속에서 명료해졌다. 이 과제 속에서 새로운 생물학(본래 '심리생물학'이라고 명명되었다)은 물리과학의 토대 위에 세워졌으며, 특히 유전 문제에 강조점을 두고 있다. 이런 식으로 위계체계와 불평등은 '자연화되었다.' 역시 『DNA의 원칙』에서 르원틴은 이렇게 쓰고 있다.

자연주의적인 설명이란, 우리는 본래 부여받은 능력의 차원에서부터 다르고 이러한 본래의 능력은 세대에서 세대로 전달된다는 식의 해석이다. 달리 말하면, (모든 것이) 우리 유전자 안에 있다는 이야기다. 원래 사회적이고 경제적인 유산으로 인식되었던 것이 생물학적인 유산으로 변질되어 버렸다.(Lewontin, 1993, p. 22)

환원주의 생물학에서의 인지적 목표와 사회적 목표의 접합은 역사적으로 우생학과 아주 밀접한 관계를 가지고 있다. 30년대에 록펠러 재단은 우생학적으로 편향된 여러 가지 연구 프로그램들에 대해 지원했었다. 그러나 '새로운 인간 과학'이 시작되면서, 선택적 육종에 의한 사회통제라는 의도는 더 이상 합법적인 것이 되지 못했다.

정확히 말해, 낡은 우생학이 과학적인 타당성을 상실함으로 해서 인간의 유전과 행동에 대한 연구의 자리를 대체할 새로운 프로그램이 더욱더 의욕적으로 형성될 수 있었던 것이다. 역사적으로 유전자에 대한 물리화학적인 협공은 조야한 우생학적 원리와 시대에 뒤떨어진 인종이론을 기반으로 한 사회적 통제가 수용될 수 없었던 바로 그 시점에서 시작되었다. 단순한 생물 시스템 연구와 단백질 구조 분석을 수행하는 분자생물학 프로그램들은, 비록 훨씬 느리기는 했지만 훨씬 견실한 우생학적 선택 원리에 기초하는 사회계획을 향해 나 있는 확실한 길을 약속해 주었던 것이다(Kay, 1993, p. 8, 9).

이리하여 환원주의는 자연과 사회의 다양성에 대한 경제적·정치적 통제의 패러다임으로 선호되면서 선택되기에 이른다.

유전자 결정론과 유전자 환원주의는 서로 같이 간다. 하지만 여기서 말하는 유전자는 과학적이라기보다 이데올로기적이다. 유전자는 독립적인 실체가 아니라 (그것의 기능이 발현되도록) 유전자에게 영향을 주는 전체의 부분일 뿐이다. 세포의 모든 부분들은 상호작용을 하고, 유전자들의 조합이란 기껏해야 생물체를 만드는 데 영향을 미치는 개별 요소에 해당하는 만큼만 중요할 따름이다.

더 넓은 의미로 말해서, 생물체는 단순히 각자 해당하는 유전자에 반응하여 만들어지는 수없이 많은 단백질의 집합체로 다루어져서는 안 된다는 것이다. 유전자는 여러 가지 효과를 가지며, 또한 모든 형질은 복수의 유전자들로부터 영향을 받는다.

하지만 유전자 결정론의 단선적이고 환원주의적 인과관계는, 유전공학을 가능케 하는 바로 그 과정이 '주인 분자'라는 관념과 '중심 교리'에 어긋남에도 불구하고 지속되고 있다. 레윈(Roger Lewin)은 다음과 같이 강조한다.

제한부위(restriction site), 프로모터(promoter), 작동부위(operator), 오페론(단백질 제조를 제어하는 유전자의 한 단위), 촉진부위(enhancer) 모두가 제각각 자기 역할을 한다. DNA가 RNA를 합성할 뿐만 아니라, RNA도 역(逆)전사효소(reverse transcriptase)라는 이름이 붙은 효소의

도움을 받아 DNA를 합성하기도 한다.(Lewin, 1983, pp. 1052~54)

환원주의적 설명이 안고 있는 이론적인 취약성은 경제적·정치적 지원과 함께 이데올로기적 권력을 통해 보완된다.

몇몇 생물학자들은 유전자를 생물체보다 상위의 위치로 등극시키면서 생물체 자체는 단순한 기계로 전락시키기까지 한다. 여기서 이 기계의 존재목적은 단순히 자체의 생존과 생식, 좀더 정확히 말하면 DNA의 생존과 생식에 있다. 따라서 DNA가 이 기계의 작동을 프로그래밍하고 '지시한다.'

도킨스(Richard Dawkins)의 용법을 빌리면, 생물체는 '생존기계', 자신의 유전자를 탑재하기 위해 구성된 '멍텅구리 로봇', 최고의 자산으로 유전받은 '이기적 성질'을 가지고 있는 '자기보전적 엔진(engines of self-preservation)'이다. 유전자는 외부세계로부터 격리된 채 뒤틀려 있는 간접적 경로를 통해 생물체와 통신을 하며 원격조정을 통해 생물체를 조작한다는 것이다. 유전자는 당신 속에 그리고 내 속에도 있고, 유전자가 우리를, 즉 우리의 신체와 정신을 만들었다는 것이다. 따라서 유전자의 보전이 우리 존재의 궁극적인 이유라는 식의 주장이다(Dawkins, 1976).

이러한 환원주의는 인식론적 · 윤리적 · 생태학적 그리고 사회경제적 함의를 지니고 있다.

인식론 면에서 환원주의는 세계와 생물형태들의 풍부한 다양성을 기계적 관점에서 보도록 한다. 그 때문에 우리는 생물체가 스스로를 조직한다는 사실을 망각하게 된다. 결국 환원주의는 우리에게서 생명에 대한 경외감을 가질 능력을 앗아갔다고 할 수 있다. 하지만 생명에 대한 이 같은 능력이 결여되었을 때, 이 지구상의 다양한 종들이 보호되는 것은 불가능해진다.

만드는 것(engineering) 대 성장하는 것(growing)

스스로 조직하는 능력은 살아 있는 시스템의 두드러진 특징이다. 스스로 조직하는 시스템은 자율적이며 자기준거적이다. 그렇다고 해서 그것들이 고립되고 비반응적이라는 의미는 아니다. 스스로 조직하는 시스템은 주변 환경과 상호작용을 하면서 자율성을 유지한다. 환경은 단지 구조적인 변화를 불러일으킬 뿐, 변화를 지정하거나 지시하지 않는다. 살아 있는 시스템은 자신의 구조적 변화를 스스로 명확히 하며, 환경 속에서 어떠한 패턴이 자신의 구조적 변화를 촉발할 것인가를 명확히 한다. 스스로 조직하는 시스템은 스스로를 유지하고 새롭게 하기 위해서 무엇을 수용하고 무엇을 버려야 하는지를 알고 있다.

그리고 살아 있는 시스템은 복잡하다. 그들 구조의 복잡성 때문에 스스로 조직하고 질서를 유지하는 것이 가능해진다. 또 그 때문에 새로운 형질들이 발현하는 것이 가능하다. 살아 있는 시스템이 갖는 독특한 특성 가운데 하나는, 그들 나름의 형태와 조직패턴을 보전하면서도 지속적인 구조적 변화를 유지하는 능력이다.

그리고 살아 있는 시스템은 다양성을 갖는다. 다양성과 독특함은 자발적인 자기조직화(self-organization)에 의해 유지된다. 살아 있는 시스템의 구성요소들은 환경과 구조적인 상호작용을 하면서 끊임없이 재생되고 순환되지만, 그러면서도 그 시스템은 자신들의 패턴, 조직 그리고 특유한 형태를 유지한다.

자기치료(self-healing)와 복구 능력은 자기조직화와 복잡성에서 유래하는, 살아 있는 시스템의 또 다른 특징이다.

다양한 종들과 생태계가 스스로 조직할 수 있는 자유는 생태학의 기초를 이룬다. 생태적 안정성은 종들과 생태계가 적응하고 진화하며 반응하는 능력에서 비롯하는 것이다. 실재로 시스템에 허용되는 자유도가 커질수록 시스템은 그만큼 더 큰 자기조직화 능력을 발휘하게 된다.

외부의 통제는 시스템이 가진 자유도를 줄이고, 그럼으로써 조직화와 재생 능력을 감소시킨다.

결국 생태적 취약성이란 여러 종들과 생태계가 그들이

적응하고 진화할 수 있는 능력을 잃을 정도까지 조작되고 통제된다는 사실에서 비롯하는 것이다.

칠레의 과학자 마투라나(Humberto R. Maturana)와 바렐라(Francisco J. Varela)는 시스템을 자율생성적(autopoietic)인 것과 타율생성적(allopoietic)인 것 두 종류로 구분하였다. 자율생성적 시스템은 그 기능이 우선적으로 자기재생(self-renewal)의 방향으로 조절되는 것이다. 자율생성적 시스템은 자기 자신을 준거로 삼는 데 비해, 기계와 같은 타율생성적 시스템은 특정한 물품의 생산에서와 같이 외부에서 주어지는 기능들을 준거로 삼는다(Maturana and Varela, 1992).

스스로 조직하는 시스템은 내부로부터 성장하여 외부를 향해 스스로를 형성시킨다. 반면 외부의 힘으로 조직된 기계적 시스템은 성장하지 않는다. 그들은 만들어지고 외부로부터 구성될 뿐이다.

스스로 조직하는 시스템은 독특하며 다차원적이다. 그럼으로써 그들은 구조적이며 기능적인 다양성을 보여준다. 그러나 기계적인 시스템은 획일적이며 일차원적이다. 이들은 구조적인 획일성과 일차원적 기능만을 보여준다.

스스로 조직하는 시스템은 스스로 치료하면서, 변화되는 환경의 조건에 적응할 수 있다. 그러나 기계적으로 조직된 시스템은 자기치료를 하지도, 적응을 하지도 못하고 다만 망가질 뿐이다.

어떤 동적인 구조가 점점 더 복잡해질수록, 그것은 점점 더 스스로에 의해 조종된다. 변화는 외부적인 압력뿐 아니라 내부적 조건에도 의존하게 된다. 그리고 자기조직성은 살아 있는 시스템의 건강과 생태적인 안정성의 핵심이다. 어떤 생물체나 시스템이 한 가지 차원의 기능만 향상시킬 수 있게 혹은 한 가지 종류의 생산성만을 증대시킬 수 있게 기계적으로 조작된다면, 그 생물체는 면역성이 감소하면서 질병이나 다른 생물체의 공격에 취약해지거나, 반대로 그 생물체가 생태계에서 지배적인 위치를 차지함으로써 다른 종들을 대체하고 멸종시킬 수도 있다.

생태적 문제들은 생명에 공학적 패러다임을 적용하는 데서 발생한다. 이러한 패러다임은 유전공학을 통해 점점 더 깊이 뿌리내리고 있기 때문에, 앞으로 생태적으로나 윤리적으로 중요한 함의를 갖게 될 것이다.

유전공학의 윤리적 함의

생물체가 마치 기계인 것처럼 다루어지게 되면 윤리적인 동요가 발생하게 된다. 생명은 고유의 본질적 가치(intrinsic value)를 지닌 것이 아니라 도구적인 가치만 가진 것으로 간주된다. 산업적 목적을 위한 동물의 조작은 이미 윤리적·생태적으로 그리고 건강 면에서 상당한 영향을 미치고 있다. 동물을 기계로 보는 환원주의는 생산을 극대화하기 위해, 동물을 다루는 데 있어 제기될 수 있는 모든 윤리적 장애들을 제거해 버렸다. 대규모 공장식 가축생산 부문에서는 생명에 대한 기계적인 시각이 이미 지배적이다. 예를 들어 육류산업의 한 관리자는 이렇게 말한다.

새끼를 낳는 암퇘지는 값어치 있는 기계의 한 부품으로 다루어지고 있다. 이 암퇘지의 기능은 소시지 제조기계와 마찬가지로 새끼돼지들을 죽죽 뽑아내는 것이다. (Coats, 1989, p. 32에서 재인용)

하지만 돼지들을 기계처럼 다루는 것은 돼지의 행동과 건강에 커다란 영향을 미친다. 동물공장(animal factory) 속에서 돼지들은 꼬리와 이빨, 고환을 잘리는데, 이로 인해 (스트레스 때문에) 돼지들은 서로 싸우다가 '동족살해(cannibalism)'라고 불리는 행동으로까지 빠져들기도 한다. 또 공장식 농장에서 태어나는 새끼돼지의 18%는 어미돼지에 깔려서 압사한다. 그리고 약 2~5%는 선천성 기형을 가지고 태어나는데, 가령 뻗정다리라든가 항문이 없다든가 유선이 거꾸로 되어 있다. 나아가 이런 돼지들은 '바나나 병'(감염된 돼지가 바나나 모양처럼 등골이 휜다고 해서 붙여진 이름)이나 돼지 스트레스 증후군 같은 질병에도 취약하다.

이러한 스트레스와 질병은 유전공학에 의해서 확실히 증가되는 경향을 보이고 있는데, 이미 인간의 성장호르몬을 지니게 된 돼지는 그 몸집이 얼마나 비대해졌는지 다리가 지탱할 수 없을 정도이다.

건강과 동물의 복지에 관한 사안들은 본질적으로 자기조절과 치료 능력에 대한 새로운 공학적 접근이 가져다주는 생태적 영향과 관련되어 있다. 고유의 본질적인 가치라는 문제는 자기조직화 문제와 밀접한 관계를 맺고 있으며, 순차적으로 자기치료의 문제와도 마찬가지다.

생명체가 탄생할 때 증식하는 세포들은 각자의 운명에 따라 지시를 받는 것으로 보이며, 또 이 세포들은 개개의 기관들을 만들도록 영구히 분화된다. 하지만 전체 구조를 만들기 위한 지시나 패턴들은 일정 정도 잠재된 채로 남겨져 있다. 따라서 특정 부분이 손상되면, 일부 세포들은 특화된 조직을 새롭게 만들기 위해 미분화된 상태로 변이하기도 한다(Wesson, 1993).

이처럼 (생명체에게는) 스스로 치료와 복구를 조절할 수 있는 능력이 있다. 이러한 복원력은 반대로 개체의 활력과 연관된다. 즉 생명체가 기계처럼 다루어지고 스스로 조직하는 능력이 무시된 채 인간에 의해 조작된다면, 생명체가 지닌 치료와 복원 능력이 붕괴되면서 이 생명체는 생명을 유지하기 위해서 외부로부터의 통제와 인위적인 투입이 증가되어야 하는 필요성에 직면하게 된다.

유전공학의 생태적·사회경제적 함의

유전공학의 인식론적인 그리고 윤리적 함의는 단순히 우리 생명, 우리 건강, 우리 환경의 물질적 조건들에만 해당되는 것이 아니다. 건강상의 문제는 유전공학 기술 그 자체에 각인되어 있다.

유전공학은 '벡터(vector)'[2] —— 일반적으로 다양한 원천으로부터 만들어진 자연적인 유전적 기생물의 모자이크된 재조합 —— 를 이용하여 종들간에 유전자를 교환시키는데, 여기에는 동·식물에서 암이나 다른 질병을 유발하는 바이러스도 이용되며 한 가지 또는 두 가지 이상의 항생제 저항성을 발현하는 '표지' 유전자도 달려 있다. 그런데 지난 몇 년간 축적된 증거들에 의해, 이러한 벡터들이 환경과 공중보건에 파국적인 결과를 초래할 수 있는 유전자 오염의 주 원인이 될 것이라는 우려가 점점 더 확실해지고 있다. 벡터에 의해 매개된 수평적 유전자 이동(transfer)과 재조합은 확실히 새로운 박테리아성 병원균의 창궐과 밀접한 관계가 있는 것으로 보인다(Mae Wan-Ho, 1996).

비록 생명공학 산업과 그 규제기관들은 미국의 500여 차례의 환경방출 실험에서 위해한 결과가 전혀 검출되지 않았다고 주장하지만, 유전공학은 생태적으로도 중대한

---

2) 유전자의 일부분을 세포 밖에서 안으로 집어넣을 때 사용되는 운반체를 말함. - 옮긴이

영향을 미친다(Shiva et al., 1996). 미국에서 수행되고 있는 이 환경방출 실험들은 환경 데이터를 수집하기 위한 것도 아니었거니와, 실험조건 또한 상업적 규모, 다양한 환경요소 및 기간 등의 실제 생산조건과 비슷하게 만들지 않았다. 우리는 리걸(Phil J. Regal)의 다음과 같은 비판을 귀담아들어야 할 것이다.

마치 500건의 진짜 방출로 인하여 과학자들이 이제 그에 대해 정당한 과학적 우려를 할 필요가 없다는 듯이, 환경방출 실험으로 적합하지 않는 상태에서 나온 부적절한 데이터가 정책집단 속에서 유통되고 있다. (Regal, 1994, pp. 5~13)

반면에 두 차례의 세밀한 환경영향 평가에 의해, 유전공학적으로 조작된 생물체가 농업현장에 대규모로 도입되었을 때의 위험성이 확인되었다.

1994년 미국 생태학회 연례모임에서, 오레건 주립대학의 연구자들은 곡물 부산물로 에탄올을 만들도록 조작된 박테리아에 대한 평가를 발표하였다.

주로 뿌리 부근에 서식하는 박테리아 클렙시엘라 플란티콜라(*Klebsiella planticola*)는 에탄올을 생산하는 독특한 능력을 갖도록 조작되었고, 이렇게 조작된 박테리아는 외부와 격리되어 밀 작물이 자라고 있는 흙이 담긴 통 속에 첨가되었다. 그 결과 (박테리아) 처리가 되지 않은 토양의 식물들은 건강한 반면, 조작된 박테리아가 첨가된 토양에서 키운 식물들은 모두 죽었다.

모든 경우에서 뿌리계의 구균류들은 절반 이상이 줄어들었으며, 그에 따라 양분의 흡수와 식물의 성장이 저하되었다. 사실 이러한 결과는 전혀 예상치 못한 것이었다. 이 필수 균류가 감소됨으로 해서 식물의 잡초에 대한 경쟁력이 떨어졌으며 당연히 질병에 대해서도 매우 취약해졌다. 유기질이 적은 모래흙에서는 식물들이 뿌리계에 있는 조작된 박테리아가 만들어낸 에탄올에 의해 죽었는가 하면, 유기질이 풍부한 모래와 점토질 토양에서는 선충류의 밀도와 종 구성의 변화로 인해 식물의 성장이 둔화되었다.

이 연구를 이끌었던 잉헴(Elaine Ingham)은, 이와 같은 결과는 토양에 유전자 조작 미생물(genetically engineered micro-organism, GEM)이 첨가되면 매우 중요하고도 심각한 결과가 발생할 수 있다는 것을 의미한다고 결론지었다. 새로운 종합적인 시스템을 사용한 이 실험은, 생태계에 우려할 만한 영향은 없을 것이라던 기존의 주장들을 뒤엎었다(Ingham and Holmes, 1995).

그리고 1994년에 덴마크의 과학자들은 제초제에 저항성을 갖도록 유전자 조작된 평지(rape)[3]가 브라시카 캄페스

---

3) 겨자과의 다년생 초본. 높이 1m 내외이고 잎과 줄기는 식용하며, 씨는 식용유로 짬. ―옮긴이

트리스(Brassica campestris ssp.)라는 야생 잡초에게 형질
전환된 유전자를 전이시킨다는 유력한 증거를 보고했다.
더구나 이러한 전이는 식물의 불과 두 세대 안에 발생할
수 있다는 것이다.

 이 야생 잡초는 덴마크의 평지 경작지에서 흔히 볼 수
있는 잡초일 뿐 아니라 이 잡초의 야생 근친 종들이 전세
계에 퍼져 있지만, 제초제를 사용해서 선별적으로 이 잡초
를 박멸하는 것은 이제 불가능하다. 형질 전환 유전자를
지닌 평지 식물이 자연에 방출되었을 때의 위험을 평가하
는 한 가지 방법은 브라시카 캄페스트리스의 야생 잡종 비
율을 조사하는 것인데, 그것은 특정하게 형질 전환된 유전
자가 그 야생의 종들을 더 억세게 만들어 통제하기 어렵게
할 수 있기 때문이다.

 평지의 교배실험에서 브라시카 캄페스트리스가 사용되
고는 있지만, 실제로 평지와의 자연적인 종간 교배는 일반
적으로 매우 드문 것으로 알려져 있었다. 영국에서 수행된
위험성 평가(risk assessment)에서는 인간이 손으로 직접 인
공수정시키는 실험들은 실패하였다. 하지만 몇몇 연구를
통해 진행된 현장실험에서는 평지와 브라시카 캄페스트리
스의 잡종이 보고되고 있다. 일찍이 1962년에 측정된 결
과에 따르면, 평지와 이 브라시카 캄페스트리스의 잡종 비
율은 약 0.3~88%였다. 그리고 덴마크 연구팀의 실험 결
과로, 잡종 비율이 야생상태에서 높아질 수 있음이 밝혀졌

다. 이들은 현장조사를 통해 각각 다른 조건에서 잡종 씨앗이 9~93%까지 존재한다는 사실을 밝혀냈다(Jorgensen and Anderson, 1994).

제초제 저항성이 작물의 근친종인 야생 잡초에게 전해진다면, 잡초가 제초제에 대한 저항성을 지니게 되어 거의 통제가 불가능한 '슈퍼잡초'가 탄생할 위험이 생긴다. 몬산토 사와 시바 가이기(Ciba Geigy) 사가 각각 자사 제품의 제초제 라운드업과 바스타를 더 많이 팔아먹기 위한 전략으로서, 유전자 조작으로 제초제 저항성 작물을 만드는 것은 그들에게는 당연한 것일 수 있다. 하지만 이러한 전략은 잡초 통제의 가능성 자체를 침해함으로써 지속 가능한 농업정책과는 반대방향으로 어긋나 버린다.

제초제에 저항성을 갖도록 유전자를 조작하는 기술이 잡초의 통제에 실패하면서 도리어 '슈퍼잡초'를 만드는 역효과를 가져오는 것처럼, 해충에 저항성을 갖도록 조작된 작물들도 해충 통제에는 실패하면서 '슈퍼해충'을 만들 위험을 내재하고 있다.

1996년, 몬산토 사는 미국 내에 거의 200만 에이커에 달하는 경작지에다 유전자 조작된 '볼가드(Bollguard)'라는 목화 품종을 심었다. 몬산토의 이 볼가드는 솜벌레에 대해 독성을 갖는 단백질을 생산하는 토양 미생물 바실루스 서렌제시스(*Bacillus thurengesis*, Bt)의 DNA를 이용해서 형질전환된 목화이다. 그리고 몬산토 사는 농민들에게 종자값

외에 헥타르당 79달러의 '기술료'를 받았는데, 이런 기술료의 책정 명목은 "그 품종이 벌레들을 발생하기도 전에 없애버리는… 계절 내내 지속되는 작물의 관리"를 해줌으로써 농민들의 "마음을 안정시켜 주기" 때문이라는 것이다. 이리하여 몬산토 사는 이 기술료만으로도 연간 5100만 달러를 벌어들였다(RDFI Communique, 1996, p. 7, 8).

하지만 몬산토 사의 이 기술은 농민들에게는 실패작이었다. 유전자 조작된 작물에 대한 솜벌레의 피해는 오히려 예년 수준의 20~50배 이상이나 되었다. 게다가 Bt는 유기농 농민들에게는 (해충을 물리치는 데 사용하는) 중요한 생물학적 통제수단이었기 때문에, 몬산토 사의 유전자 조작 전략은 유기농 농민들의 기본 전략마저 훼손해 버리는 결과를 가져왔다(*Science* Vol. 273, p. 243).[4]

이에 더하여 몬산토 사는 이른바 '기술료'뿐 아니라 농민들에게 매우 엄격한 규제조건까지 부과하였다. 다음은 이 회사측의 말이다.

몬산토는 경작자에게 솜벌레에 대한 저항성 유전자를 가진 종자를 단 한 차례의 농사에 사용할 권리만 허가하였다. 그 종자를 다시 심기 위해서 저장하거나 판매하는 행위는 제한적 사용권의 범위를 넘어서는 것으로서 몬산

---

4) 그것은 Bt 독소를 만들도록 유전자 조작된 농산물이 오히려 해충에게 Bt 독소에 대한 저항력을 키워주고 있기 때문이다. ─옮긴이

토의 특허권을 침해하는 행위이다. 이럴 경우 연방법률
에 의해 기소될 것이다.(RDFI Communique, 1996, p. 7, 8)[5]

이와 같이 몬산토는 농민들로부터 수백만 달러의 사용
료를 거둬들일 때에는 그 작물을 '소유'한다고 주장하면서,
형질 전환 작물이 유발할 수 있는 위험에 대해서는 아무런
책임이나 비용을 감수하려 들지 않는다.

지적 재산권의 독점은 사회에 의해 기업이 지적 재산권
을 부여받고, 그로부터 사회도 이익을 얻을 수 있을 것이
라는 근거 위에서 정당화된다. 그러나 형질 전환된 목화의
실패사례는, 지적 재산권이 농업을 '개선시킬 것'이라는 가
정이 항상 옳은 것이 아님을 증명하였다. 그 대신, 우리는
사회적·생태적 비용의 부담이 일반적으로는 사회에, 구
체적으로는 농민들에게 전가된다는 사실을 알게 되었다.
따라서 생태적 문제를 일으키는 농작물 품종에 대해 지적
재산권을 인정하는 것은, 편익은 완전히 사유화하면서 그
비용은 전적으로 사회화하는 불합리한 제도이다.

---

5) 현재 몬산토 사는 유전자 조작한 종자에 대한 통제권 확보를 위한 법
   률적 장치가 지니고 있는 불완전함을 보완하기 위해서 새로운 유전자
   기술인 '작물거세 기술(terminator technology)'을 추진하고 있다. 이 기
   술은 농민들이 종자를 구입하여 재배한 후 거둬들인 씨앗을 다시 파종
   할 경우에 발아하지 않거나 열매를 맺지 못하도록 유전자를 조작하는
   기술이다. 이것은 종자에 대한 초국적기업의 독점권을 기술적으로 보
   완하는 첨단의 시도라고 할 수 있다. 종자에 대한 기업들의 독점에 관
   해서는 이 책의 제3장 참조.-옮긴이

이와 같이 말도 안 되는 불합리한 체제와 연결되어 있는 독점은 생태적으로 건전하고 사회적으로 공정한 관행의 발전을 저해한다. 게다가 이러한 독점은 사람들에게 환경과 건강을 위협하는 방향으로 나아가는 농업체계를 강요하고 있다.

아이러니컬하게도 독점체제, 특히 유전자 조작된 생산물들을 도입하는 것은 '자유무역' 체제의 핵심에 놓여 있다. GATT의 우루과이라운드는 모든 국가가 농업분야에서 지적 재산권을 인정할 것을 강제하고 있다. 경제적인 관점에서의 '자유무역'이라는 기반 위에서 유전자 조작 생산물들을 원하지 않는 시민들과 국가들에게까지도 이것을 강제하고 있을 뿐 아니라, 몬산토 사의 콩 ── 라운드업 – 레디(Roundup-Ready) ── 의 경우에서 볼 수 있듯이 자유무역의 자유는 초국적기업의 절대 자유로 둔갑하여 민중들에게 위험한 농산물들의 재배 또는 구입을 강요하고 있다.

몬산토 사는 자사의 제초제 판매량을 늘리기 위해 콩의 유전자를 조작하였는데, 이렇게 해서 나온 것이 글리포사이트(glyphaosate)라는 화학 제초제에 저항력을 가진 유전자 조작된 콩 라운드업 – 레디였다(The Battle of the Bean, 1966, 10). 그후 몬산토 사는 라운드업 – 레디가 특허를 받을 정도로 독창적이고 새롭다고 주장하던 종래의 태도를 바꿔, 이 콩은 기존의 것들과 별 차이가 없다고 말하면서 두 종류의 콩을 섞어서 유럽시장에 내다 팔려고 시도하였다.

이에 1996년 10월 16일 세계 식량의 날, 75개국의 500
여 단체들은 몬산토의 라운드업 - 레디에 대한 거부운동을
전세계적으로 펼쳤고, 같은 해 11월 로마에서 열린 세계
식량회담(World Food Summit)에서도 이 문제는 주요 의
제로 설정되기까지 했다. 시민들은 '알 권리'와 '선택할 권
리'에 입각하여 유전자 조작된 콩에 대해서는 표시제가 실
시되어야 한다고 주장하고 있는 것이다.

한편 몬산토 사는 1996년 5월에 형질 전환된 콩과 목화
에 대한 특허를 상당히 많이 소유하고 있던 아그라세투스
(Agracetus) 사를 1억 5천만 달러에 인수함으로 해서 이
라운드업 - 레디 콩과 볼가드 목화에 대한 독점권을 소유
하고 있다. 이러한 특허들은 독창성에 근거하여 부여되었
지만, 그 독창성은 유전자 조작 상품의 안전성에 대한 시
민의 염려와 저항 앞에서는 부정되고 있다.

기술로서의 유전공학은 매우 정교하다. 하지만 인간의
필요를 충족하기 위한 생물 다양성의 활용 기술이라는 측
면에서 볼 때 유전공학은 매우 서투르다. 다양한 영양공급
의 원천이 되는 다양한 종류의 작물들이 형질 전환된 작물
들로 대체됨으로써 생물 다양성이 감소되고 있다.

뿐만 아니라 형질 전환된 작물이 야기하는 새로운 건강
상의 위험성까지 알려지고 있는데, 일례로 유전자 조작된
작물들은 새로운 알레르기를 유발할 잠재성을 가지고 있
다는 것이다. 그 밖에도 형질 전환된 작물에 의한 '생물학

적 오염', 질병에 대한 새로운 취약성, 생태계에서의 단일
종의 우세, 한 종으로부터 다른 종으로의 유전자 이동 같
은 여러 가지 위험들이 나타나고 있다.

영국의 비숍(James Bishop) 박사가 추진한 실험에서는
쐐기벌레를 죽이는 살충제를 만들기 위해 전갈의 유전자
가 바이러스에 삽입되었다. 바이러스나 병원체들은 새로
운 종을 감염대상으로 삼는다는 많은 사례에도 불구하고,
이 실험은 형질 전환된 바이러스의 감염대상이 종의 장벽
을 넘어서지 않기 때문에 안전할 것이라는 가정 아래 진행
된 것이었다. 그러나 과학적 증거에 따르면, 유전공학은
살충제에 저항력을 가진 '슈퍼 바이러스'를 만들어낼 수도
있다는 것이 확인되고 있다. 따라서 생물 안전성에 관한
문제들에 대하여 안심하는 것은 현재의 과학적 근거들에
의해서도 정당화될 수 없다.

또한 최근 인도에서 행해진 유전자 조작 작물들의 실험
을 통해 과학적인 근거가 충분한 명백한 사실이 밝혀졌다.
이 실험대상 가운데 Bt와 잡종 브라시카(brassica)를 이용
하여 유전자 조작된 토마토가 포함되어 있었다. 이 실험을
통해, Bt를 이용한 유전자 조작은 해충과 질병이 저항력을
키우는 데 기여를 하고, 이를 조절하는 지속 가능한 농사
법을 불가능하게 만든다는 사실이 드러났던 것이다.

유전자 조작 작물과 식량이 주는 혜택이라는 장밋빛 약
속은 환상이지만, 그것들의 잠재적 위험성은 실재하는 것

제2장 인간이 생명을 만들고 소유할 수 있는가

이다. 그런데 유전공학에 대한 환상은 단순히 식량의 생산과 소비 체계 차원의 문제가 아니다. 이것은 과학적 차원에서의 문제이기도 하다. 유전공학은 유전자 환원주의와 결정론에 입각하여 장밋빛 약속을 제시하고 있지만, 여기에서의 두 가지 가정들은 분자생물학 연구 그 자체를 통해 오류임이 증명되고 있다.

생명을 축복하고 보전한다는 것

유전공학과 특허의 시대에 생명 자체가 식민화되고 있다. 따라서 생명공학의 시대에 있어서 생태적인 활동은 생명체들이 자기조직화를 자유롭게 하는 것을 의미한다. 그리고 여기서의 자유란 생물체의 자기치료·자기조직화의 능력을 파괴하는 공학적 조작을 피할 자유이며, 지금까지 우리가 부여받은 풍부한 생물 다양성에서 인류가 직면한 문제의 해결책을 찾고자 하는 지역 공동체의 능력을 파괴하려는 법적인 조작으로부터의 자유를 의미한다.

생명에 대한 조작과 독점에 대항하여 현재 내가 하고 있는 일들은 두 가지를 지향하고 있다. 토착 씨앗의 다양성을 보호하기 위해 각 지방에 종자은행들을 건설하려는 전국적인 네트워크 나브다냐(Navdanya)를 통해, 우리는 생명을 보는 공학적 시각에 대항하는 새로운 대안을 모색하

고자 노력하고 있다. 그리고 지적 공유물의 보호를 위한
활동 —— 농민운동이 그 효시를 이루는 씨앗 사티아그라하
(Satyagraha)[6] 운동 혹은 우리가 제3세계 네트워크[7]와 함
께 시작한 공동의 지적 권리(common intellectual rights)를
위한 운동 등 —— 을 통해서, 우리는 지식과 생명 자체를
사적 재산으로 간주하는 패러다임에 대항하는 대안을 구
축하고자 한다.

천년의 끄트머리에 이르러, 나는 생태주의 운동의 핵심
요소는 생명의 자유 그리고 삶의 자유임을 점점 깨닫게 된
다. 그리고 이 투쟁의 길에서, 나는 팔레스타인의 시 「씨
앗을 지키는 자들(The Seed Keepers)」로부터 자주 감화를
받는다.

우리의 대지(大地)를 불태우라
우리의 꿈들을 불태우라
우리의 노래에 매서운 산(酸)을 쏟아부으라
톱밥으로 덮어버려라
학살당하는 우리들의 피를
당신들의 테크놀로지로 틀어막으라

---

6) '진리를 향한 투쟁'이라는 인도어. —옮긴이
7) The Third World Network는 말레이시아 페낭에 본부를 두고 있는 제3
세계 시민운동 네트워크로, 선진국과 자본의 신자유주의적 공세에 대
항하여 제3세계의 지적 재산권과 환경을 보호하기 위한 활동들을 펼치
고 있다. 홈페이지는 http://www.twnside.org.sg —옮긴이

제2장 인간이 생명을 만들고 소유할 수 있는가

자유로운 모든 이들의
야생의 본성을 지닌 모든 이들의 비명소리를.
파괴하라
파괴하라
우리의 풀과 토양을
무너뜨려라
우리의 어머니, 아버지 들이 일으킨
모든 농장과 모든 마을을
모든 나무와 모든 가정과
모든 책과 모든 법과
그리고 모든 공정함과 조화로움을.
당신들의 폭탄으로 쓸어 없애버려라
모든 계곡을,
당신들의 사설(邪說)로 지워버려라
우리의 과거와
우리의 문학과 우리의 메타포들을
껍질 벗기라
숲을 그리고 대지를
어떤 벌레들도
어떤 새도
어떤 이야기들도
숨을 곳을 찾지 못할 때까지 계속.
나는 당신들의 폭정(暴政)을 두려워하지 않으며

자연과 지식의 약탈자들

나는 절망하지도 않을 것이니
왜냐하면 나는 하나의 씨앗을 지킬 것이므로
하나의 자그마한 생명의 씨앗을
나는 수호(守護)할 것이고
그리고 다시 심을 것이므로.

제3장
씨앗과 대지

새로운 식민지, 생명체
어머니 대지에서 텅 빈 대지로
실험실에서 생산되는 씨앗
지적 재산권 대 농민과 식물육종자의 권리
기계로 전락한 인간
생산과 창조의 경계
새로운 관계를 건설하자

제3장

씨앗과 대지

재생(regeneration)은 생명의 핵심이며, 지속 가능한 사회로 인도하는 중심적인 원칙이었다. 재생 없이는 지속 가능성도 있을 수 없다. 현대 산업사회는 재생에 대하여 생각할 시간이 없고, 따라서 삶을 재생하기 위한 여유도 없다. 이런 재생과정에 대한 평가절하가 곧 생태위기와 지속 가능성 위기의 원인이 되고 있다.

치료제로 사용되는 약용식물을 찬미하는 리그 베다(Rig Veda)에서는, 그 식물들이 우리를 지탱해 준다는 점에서 어머니로 지칭되고 있다.

어머니, 당신은 백 가지 형태를 갖고서

천 가지로 성장할 수 있습니다.
백 가지의 쓸모를 가진 당신이여
나를 위해
이 사람을 낮게 해주십시오.
기뻐하라
꽃과 열매를 맺는 당신!

　모든 고대 세계관의 기초인 인간 본성(human nature)과 비인간 본성(non-human nature, 자연을 의미함) 사이의 연속성은 가부장제에 의해 파괴되었다. 이리하여 인간은 자연과 분리되었고, 재생과정에 수반되는 창조성은 부정되었다. 창조성은, 생산에 종사한다고 간주된 남성들의 독점물이 되었다. 여성들은, 재생 가능한 생산이라기보다 비생산적인 것으로 다루어지는 단순한 생식이나 여가 활동에 종사한다고 간주되었다.
　순수하게 남성적인 것으로서의 활동성은 씨앗과 대지의 분리 위에서 구축되었고, 무기력하고 비어 있는 대지는 여성의 수동성과 결부되었다. 따라서 씨앗과 대지의 상징은 가부장적 주형(鑄型)에 부어지면서 변형과정을 겪게 된다. 자연에 대한 우리의 인식 및 그 재생뿐 아니라 남성과 여성의 관계 또한 새롭게 구축된다. 이 같은 자연과 문화에 대한 비생태적 관점은, 종교와 시대를 넘나들면서 생식에 대한 가부장적 성역할(gender roles) 인식의 기초를 형성하고 있다.

그리고 이러한 성 편견적인 씨앗/대지의 비유는 여성에 대한 남성의 지배관계를 자연스러운 것으로 보이게 하기 위해 인간의 생산과 생식에까지 적용되어 왔다. 그러나 이러한 위계구조의 자연스러움은, 남성의 특성은 순수한 정신과 결부되어 있고 여성은 단지 정신을 빼앗긴 물질로써만 구성되어 있다는 물질/정신 이원론을 근거로 해서 만들어진 것이다. 바초펜(Johann Jacob Bachofen)은 이렇게 말했다.

부성(父性)의 승리는 자연의 현시물로부터의 정신의 해방, 물질적 생명의 법칙을 넘어선 인간 실존의 승화를 가져온다. 모성은, 남성이 유일하게 동물과 공유하고 있는 신체적 측면에 귀속된다. 부성의 정신적 원칙은 남성에게만 속한다. 성공한 부성은 신성한 지식을 가지며, 아기를 품는 모성은 모든 사물을 품고 있는 대지와 관련된다.(Weigle, 1989에서 재인용)

여성보다 남성이 우월하다는 가부장적 가정의 핵심에는, 여성과 동물의 수동성/물질성 대 남성 및 (동물과) 구별되는 인간의 활동성/정신성이라는 사회적인 구성물(social construct)이 존재한다. 또 이것은 정신은 비물질적이면서 남성적이고 활동적이며, 육체는 물질적이고 여성적이며 수동적이라는 정신/육체 이원론에 반영되어 있다. 나아가 남성만이 문화에 접근 가능하고, 여성은 모든 것을 포용하고 있는 대지와 관련된다는 가정에 입각한 문화/자연 이원론을 반영하고 있다(같은 책). 이러한 인위적인 이분법은, 자연의 강점이 다름 아닌 적극성에 있는데도 이를 은폐하고 자연의 수동성을 강조한다.

그리고 적극성/소극성, 문화/자연이라는 역사가 오래된 가부장적 분할은 새로운 생명공학을 통해서 재생산되고 있다. 또 이러한 이분법은 식물과 인류의 재생을 식민화하기 위한 자본주의적 가부장제의 도구로 이용된다. 따라서 오직 재생을 탈식민화시킬 때에만, 여성과 자연의 활동성과 창조성은 비가부장적인 주형에서 벗어날 수 있는 것이다.

새로운 식민지, 생명체

토지와 숲과 바다와 강, 대기가 모두 점령당하고 파괴되고 오염되고 있다. 지금 자본주의는 끝없는 축적을 위해 침략하고 착취할 새로운 식민지로서 여성의 신체와 식물과 동물의 내부공간까지 넘보고 있다.

토지를 침략하여 접수해서 식민지로 삼는 것은 함포(艦砲) 기술을 통해 가능했다. 마찬가지로 새로운 식민 대상인 생명체의 침략과 접수는 유전공학 기술을 통해 가능해지고 있다.

후기산업 시대에 생명공학은 자본의 시녀로서, 자본주의가 자율적이고 자유로우며 자기재생적인 것들을 식민화하고 통제하는 것을 가능케 해주고 있다. 환원주의적 과학을 통해 자본주의는 이전에 경험하지 못했던 곳으로 나아가고 있다. 바로 환원주의가 갖는 분열성이 자본주의의 착취와 침략 표적이 되는 영역을 열어주고 있는 것이다. 자본주의적 가부장제하에서의 기술개발은, 이미 변형되고 고갈된 것으로부터 아직 소비되지 않은 것을 향한 게걸스러운 탐욕에 의해 착실히 진전되고 있다. 이런 의미에서, 재생력의 원천으로서의 씨앗과 여성의 육체는 자본주의적 가부장제의 관점에서 보면 지구상에 남아 있는 최후의 식민지이다(Werlhof, 1989).

고대 가부장제에서는 활동적인 씨앗과 수동적인 대지라는 상징을 이용했다면, 자본주의적 가부장제에서는 새로운 생명공학을 이용해 씨앗을 수동적인 것으로 재구성하면서 공학적 정신을 활동적이고 창조적인 것으로 간주해 버린다. 500년 전에 대지가 식민화되기 시작했을 때, 대지를 살아 있는 시스템에서 단순한 물질로 재구성한 것은 비유럽 문화와 자연의 공헌을 가치절하하는 것과 궤를 같이했다. 지금, 씨앗을 생명의 재생 원천으로부터 가치 없는 원료로 재구성하는 것은, 씨앗을 통해 생명을 재생산하는 사람들, 다시 말해 제3세계 농민들을 가치절하하는 것과 그 궤를 같이하는 것이다.

어머니 대지에서 텅 빈 대지로

모든 지속 가능한 문화는 다양한 방식을 통해 대지를 어머니로 바라보았다. 대지의 수동성이라는 가부장적 구성물과, 그에 따라 텅 비어 있는 대지라는, 토지에 대한 식민지적 범주를 창출하는 것은 두 가지 목적에 기여했다. 즉 원래 살고 있는 거주민들의 존재와 우선적인 권리를 부정했으며, 대지의 재생능력과 생명과정을 부정했다(Pilger, 1989). 도처에서 자행된 토착민 학살은, 그들이 동물군(fauna)의 일부일 뿐 진정한 인간이 아니라는 이유로 도덕적으로 정당화되었다. 필거(John Pilger)가 언급하듯이, 『브리태니커 백과사전』의 오스트레일리아 항목은 이에 대해 한치의 의심도 하지 않는 것처럼 보인다. "오스트레일리아에 살고 있는 사람은 육식동물이다. 살쾡이이나 표범, 하이에나보다도 잔인하고, 같은 종족을 잡아먹는다."(같은 책) 그런가 하면 오스트레일리아의 한 교과서 『열대지방에서의 승리(Triumph in the Tropics)』를 보면, 오스트레일리아의 원주민은 반(半)야생의 개와 동일하게 취급되고 있다(같은 책).

자연과 지식의 약탈자들

이처럼 동물로 취급된 오스트레일리아·미국·아프리카·아시아 토착민들은 인간으로서의 그 어떤 권리도 갖지 못했다. 그들의 땅은 사람이 없고 버려져 있고 사용되지 않는 텅 비어 있는 땅으로 간주되어 강탈당했다. 이 같은 서구의 신성한 임무의 도덕성은 제국주의 시장에 복무하기 위하여 세계 곳곳의 자원을 군사적으로 접수하는 것을 정당화하였다. 그래서 유럽 사람들은 자신들의 침략을 발견으로, 자신들의 해적질과 도둑질을 무역으로, 그리고 자신들의 학살과 노예화를 문명화를 위한 신성한 임무로 서술할 수 있었다.

자연에 대한 권리를 부정하기 위해, 과학적 사명은 종교적 사명과 결탁하였다. 과학혁명이 도래하면서 출현한 기계론은 모든 생명들을 지탱하는 자연의 자기재생·자기조직화 개념을 파괴하는 기초가 되었다. 근대과학의 아버지로 불리는 베이컨(Francis Bacon)에게 자연은 더 이상 어머니가 아니라, 공격적인 남성적 정신에 의해 정복되어야 하는 여성이었다. 머천트(Carolyn Merchant)가 지적하는 것처럼, 자연에 대한 이해가 살아 있고 양육하는 어머니에서 무기력하고 죽어 있고 조작 가능한 물질로 변형된 것은 성장하는 자본주의의 착취적 지상과제와 딱 맞아떨어졌다. 만물을 양육하는 대지의 이미지는 자연의 착취에 대해 문화적인 제약요건으로서 기능했던 것이다. "사람들은 어머니를 즉시 살해한 것이 아니라, 그녀의 내장을 파헤치고 불구로 만들었다"고 머천트는 쓰고 있다. 그러나 베이컨주의자의 프로그램과 과학혁명에 의해 창출된 복속과 지배의 이미지는 모든 제약조건들을 제거했으며, 자연의 개발을 위한 문화적 승인(sanctions)으로서의 역할을 했다.

우주를 애니미즘적이고 유기체적으로 바라보는 가정이 제거되면서, 과학혁명의 가장 커다란 효과라 할 수 있는 '자연의 죽음'이 완성되었다. 이제 자연은 내부의 힘이 아니라 외부의 힘에 의해 움직이는, 죽어 있고 무기력한 물질로 구성된 시스템으로 보여지면서, 기계론적인 틀 자체가 자연에 대한 조작을 정당화할 수 있었다. 더구나 개념적 틀로서의 기계론적인 질서는 상업 자본주의가 취하는 방향과 전적으로 양립 가능한, 권력에 기초한 가치의 틀과 결합되었다(Merchant, 1980).

이렇게 개발이 대지의 생산력을 부정하면서 스스로를 지속시킬 수 없는 농업체계를 창출함에 따라, 무기력한 대지라는 구성물은 새롭고 불운한 의미를 부여받았다.

지속 가능한 농업은 토양의 영양물질 순환에 의존한다. 이것은 토양으로부터 나와 식물의 성장을 지탱해 주는 영양물질의 일부분을 다시 토양에 돌려주는 것을 포함한다. 영양물질 순환의 지속과 이를 통한 토양의 산출력은 비옥함의 원천으로서 대지를 인식하는, '신성한 되돌려주기 법칙(law of return)'의 근본이 된다.

그러나 농업의 녹색혁명 패러다임은 이러한 재생적인

물질순환을, 공장과 시장에서 구입한 화학비료의 투입과 이를 통한 농업상품의 생산이라는 선형적 흐름으로 대체시켜 버렸다. 이리하여 산출력은 더 이상 토양의 특성이 아니라 화학비료의 특성이 되었다. 녹색혁명은 화학비료를 필요로 하고 토양에 되돌려줄 산물을 만들어내지 않는 기적의 씨앗(miracle seeds)에 근거하고 있다(Shiva, 1991). 대지는 관개용수와 화학비료의 집약적 투입이 필요한 텅 빈 그릇으로 보였다. 그러한 활동은 기적의 씨앗 안에서 이루어지는 것이었으며, 이는 자연의 영양물질 순환을 초월하는 것이었다.

하지만 생태적으로 대지와 토양은 비어 있는 것이 아니었고, 녹색혁명의 품종재배는 종자와 비료로 짝지어진 하나의 쌍에 의해서만 가능한 것이 아니었다. 토양의 질병과 미량 영양소의 결핍이 생겨난다는 것은, 신품종들이 토양에서 뭔가 보이지 않는 것을 필요로 하고 있다는 사실을 입증하는 것이었다. 사막화는 오로지 시장판매를 목적으로 생산하는 농업에 의해 토양 산출력의 순환이 파괴되었음을 의미했다. 지역 내부에서 사용되는 생물량(biomass)의 감소라는 녹색혁명 전략을 통하여 상업용 곡물의 생산 증대는 달성되었다. 유기질비료 사용이 화학비료 사용으로 완전히 대체되었다고 생각했기 때문에, 짚 생산량의 감소는 심각한 비용으로 간주되지 않았다. 그러나 실험에 의하면, 토양의 산출력은 공장에서 만들어지는 질소·인·

칼륨으로 환원될 수 없으며 농업 생산력은 토양이 산출하는 생물학적 산물의 일부를 토양에 되돌리는 것까지 필연적으로 포함한다. 씨앗과 대지는 서로 상대의 재생과 회복을 위한 조건을 만들어낸다. 기술은 자연의 대용물을 제공할 수 없으며, 생산의 기반 자체를 파괴하지 않고서 자연의 생태적 과정 외부에서 작동될 수 없다. 또한 시장이 산출량의 유일한 기준이 될 수 없다.

시장에서 판매되지는 않지만 토양의 산출력을 유지하기 위한 투입물로 사용되는 생물학적 산물들은 녹색혁명의 비용—편익 분석의 공식에 의해 완벽하게 무시되었다. 생물학적 산물은 구입되는 것이 아니기 때문에 투입물 목록에 나타나지 않으며, 판매되지 않기 때문에 생산물의 목록에도 나타나지 않았다. 그러나 녹색혁명의 상업적 맥락에서 볼 때 비생산적이고 쓸모없는 것이 이제는 생태적 맥락에서 생산적인 것으로 그리고 지속 가능한 농업을 위한 유일한 방법으로 등장하고 있다. 필수적인 유기 투입물을 폐기물로 다루는 녹색혁명의 전략은 비옥하고 생산적인 토양이 실제로는 쓰레기더미라고 무의식적으로 믿게 하였다. 토양증진 기술은 실제로는 토양분해와 토양파괴 기술임이 입증되었다. 온실효과와 지구온난화 같은, 화학비료가 불러일으키는 생태파괴적 효과가 새롭게 추가되었다. 질소비료는 지구온난화를 가져오는 온실가스 가운데 하나인 질소산화물을 대기 속으로 방출한다. 따라서 화학비료

는 땅·물·대기를 오염시킴으로써 식품의 안전성을 위협
하고 있다.

실험실에서 생산되는 씨앗

녹색혁명은, 대지는 무력하다는 가정을 바탕으로 했다.
그렇지만 생명공학 혁명은 씨앗의 생산력과 자기재생 능
력을 강탈하면서, 기술적 수단과 재산권이라는 두 가지 방
법으로 씨앗을 식민화하였다.

교잡(hybridization) 과정은 씨앗이 스스로 번식하는 것
을 막는 기술적인 수단이다. 이 기술수단은 씨앗의 상품화
를 가로막는 자연적인 제약조건(여기서의 제약조건이란 씨앗
의 자기번식성을 의미함)을 효과적으로 제거할 수 있는 방법
을 자본에 제공한다. 교잡된 품종은 진정한 형태의 씨앗을
생산하지 않기 때문에, 농민들은 해마다 새로운 씨앗을 구
하러 육종자를 찾아가야 하는 것이다.

클로펜버그(Jack Kloppenburg)가 쓴 씨앗에 관한 글을
보면, 씨앗은 생산수단인 동시에 생산물이다(Kloppenburg,
1988). 이동농업을 하는 부족이든 정착농업을 하는 농민이
든, 이들은 해마다 곡물을 경작하면서 필수적인 생산수단
역시 재생산한다. 따라서 자본 쪽에서 볼 때, 이와 같이
적합한 조건이 주어지면 스스로 번식하고 증식하는 씨앗

은 단순한 생물학적 장애물을 선사하는 존재일 뿐이다. 결국 현대 식물육종은 주로 이러한 생물학적 장애물을 제거하기 위한 시도였으며, 새로운 생명공학은 생산수단인 동시에 생산물인 씨앗을 단순한 원료로 변환시키는 최신의 도구이다.

씨앗의 교잡은 씨앗 그 자체에 대한 침략이었다. 씨앗의 교잡과정은 곡물로서 그리고 생산수단으로서의 종자의 통일성을 파괴하는 과정이었다고 클로펜버그는 말한다. 나아가 바로 이 과정은 사기업들이 식물육종과 상업적 종자생산을 통제하기 위해 필요했던 자본축적의 공간을 열어주었다. 그리고 씨앗의 자기재생적인 과정을, 원료로서 살아 있는 씨앗 공급의 단절된 단선적 흐름과 생산물로서 종자상품(seed commodities)이라는 역흐름으로 변형시킴으로써 생태파괴의 원천이 되었다. 이런 곡물과 씨앗의 분리는 씨앗의 지위 또한 변화시켰다.

상품화된 종자는 두 가지 면에서 생태적으로 불완전하며 단절된다. 첫째는, 정의에 의하면 씨앗은 번식의 원천인데 씨앗이 스스로 번식하지 못하는 것이다. 즉 유전자 자원이 기술을 통해서 재생 가능 자원에서 재생 불가능 자원으로 바뀐 것이다. 두번째는, 스스로 번식하지 못하고 구입된 다른 투입물의 도움을 필요로 한다는 것이다. 더구나 이런 투입물에 대한 의존도는, 종자회사와 화학회사들이 합병함에 따라 더욱더 커져갈 것이다. 외부적으로 첨가

되건 내부적으로 첨가되건, 화학물질은 씨앗 재생산의 생태적 순환에서 외부 투입물로 남아 있다. 재생을 통한 생태적 생산과정에서 재생 불능의 기술적 생산과정으로의 변화는, 농민에 대한 침탈이 증가하고 농업적 생물 다양성이 급격하게 감소하는 원인이 되고 있다. 바로 이것이 농업의 빈곤과 지속 불가능성을 구조화하는 근원인 것이다.

그런데 씨앗을 재생산하는 농민들을 기술적 수단으로 막는 데 실패하자, 이제는 지적 재산권과 특허 형태의 법적 규제를 도입하고 있다. 토지에 대한 권리와 마찬가지로 소유와 재산 대상이라는 가정에 근거해 있는 특허는 식물의 재생을 식민화하는 데 있어서 핵심적인 요소이다. 제네텍 사의 부사장은 이렇게 말한다.

당신이 흠잡을 데 없는 깨끗한 이력을 쓸 기회를 가졌을 때, 당신은 매우 기본적인 몇 가지 요구를 할 수 있다. 왜냐하면 당신을 재는 표준이 만들어지기 이전(prior art)의 상태이기 때문이다. 그러나 생명공학에는 그런 것이 많지 않다.(Doyle, 1985, p. 310에서 재인용)

살아 있는 자원에 대한 소유권과 재산권의 주장이 제기되지만, 이전에 농민들이 그러한 자원을 보호하고 이용했다는 것은 특허가 설정되는 데 대한 반론이 되지 못한다. 오히려 배타적인 이용 권리는 기술의 개입 여부에 의해 결정된다. 이제 이 기술의 소유는 기업이 소유권을 가지는 이유가 되며, 동시에 농민의 권리를 박탈하는 근거가 된다.

어머니 대지에서 텅 비어 있는 대지로 변환됨에 따라, 새로운 생명공학은 기업의 종자를 부의 창출기반으로 만들어주는 바로 그 과정을 통해서 농민이 가꾸어온 종자의 생명과 가치를 강탈한다. 토종으로 불리는 토착종들은 자연선택과 인간선택을 통해 진화했으며, 제3세계 농민들이 생산하고 이용하는 원(primitive) 재배종들이다. 국제적인 연구센터의 현대적 식물 육종자나 초국적 종묘회사들이 만들어낸 품종들은 진보된(advanced) 품종 혹은 엘리트 품종이라고 불리어진다.

식물유전자원 국제위원회의 전 사무총장이었던 윌리엄스(Trevor Williams)는 (농민들이 가꾸어오던) 원 재료는 현금 회수가 가능하지 않다고 주장했는가 하면, 또 1983년의 식물육종에 관한 포럼에서는 자연상태의 생식질은 (기업들에 의해) 상당한 시간 및 자금 투자가 된 후에야 비로소 가치를 지니게 된다고 말했다(Kloppenburg, 1988, p. 185). 이러한 계산에 따르면, 농민의 시간은 전혀 가치가 없는 것으로 간주되며, 따라서 무상으로 이용할 수 있는 것이 된다. 이리하여 다시 한 번, 보다 중요한 모든 창조과정들이 자연적인 것으로 규정됨에 따라 부정되고 가치 절하되었다.

그래서 농민에 의한 식물육종은 육종이 아닌 것이 되었다. 진짜 육종은 '자연상태의 생식질'이 국제적인 과학자들의 국제적인 실험실에서 다른 생식질과 혼합되거나 교잡될 때 비로소 시작되는 것처럼 여겨지게 된다. 즉 외래 생식질을 가지고 혼돈상태로부터 유전적인 의미를 갖는 무엇인가를 만들고 이것이 궁극적으로 시장에서 판매할 수 있는 상품이 되어 돈을 벌어들이는 데 요구되는, 장기간의 고비용의 힘들고 항상 위험이 따르는 역교배(backcrossing) 과정 및 기타 수단들을 통해서만 오직 혁신은 일어날 수 있다는 것이다(Witt, 1985).

그렇지만 농민들이 발전시켜 온 토종은 유전적으로 혼돈상태의 것들이 아니다. 이러한 토종들은 혁신이 결여되어 있는 것도 아니다. 오히려 이 토종들은 개량되고 선별된 물질로 구성되어 있으며, 경험과 독창성, 농민의 힘든 노동 그리고 과거와 현재를 체화하고 있다. 따라서 이 토종들이 겪어온 진화적인 물질과정은 생태적·사회적 필요를 충족시켜 준다. 하지만 기업이 독점화되어 나감에 따라서 이런 생태적·사회적 필요는 지금 위협받고 있다. 기업에 소속되어 있는 과학자들의 공헌을, 1만여 년 동안 제3세계 농민들이 기여해 온 지적 공헌 — 보존, 육종, 길들임 그리고 식물과 동물의 유전자원 개발 — 보다 우월한 것으로 자리매김하려는 시도는 극단적인 사회적 차별에 근거하고 있는 것이다.

지적 재산권 대 농민과 식물육종자의 권리

"실험실에서 실험 가운을 걸치고 생산한 것에 한해서만 지적 재산이 인정될 수 있다는 인식은 근본적으로, 과학발전을 인종주의적 관점에서 바라본 것이다"라고 무니(Pat Mooney)는 말한다(Mooney, 1988, p. 1, 2; 1989). 사실 수천 년에 걸쳐 농민들이 이룩한 모든 유전적 변화는, 지난 100~200년 동안 상대적으로 체계적인 과학에 기초한 노력에 의해 달성된 것보다 훨씬 더 대단하다. 가치 부여에 있어서 시장체계가 갖는 한계가, 농민의 씨앗과 자연의 씨앗이 지니는 가치를 부정하는 이유가 될 수는 없다. 이것은 씨앗 혹은 농민의 지성이 가지는 지위에 결함이 있다기보다, 오히려 시장의 논리가 결함을 갖고 있음을 보여주는 것이기도 하다.

생명을 소유하기 위해서는, 지금까지 그 생명이 누려온 권리와 창조성을 부정해야만 한다. 생명공학 산업계에서 펴낸 한 소책자에는 다음과 같은 구절이 있다.

특허법은 당신의 실험과정과 생산물에 대해 가상의 선을 효과적으로 그을 것이다. 만약 누군가가 그 선을 넘어서 당신의 발명품을 사용하거나 만들거나 판다든가, 혹은 누군가가 그 선을 침범해서 자신의 생산물을 만들어서 파는 경우, 당신은 특허보호를 위해 고소할 수

있다.(Witt, 1985)

이에 대해 도일(Jack Doyle)은, 특허는 영역보호에 관심
이 있을 뿐 기술혁신에는 별로 관심이 없기 때문에 창조성
과 혁신에 대한 배타적 접근을 주장함으로써 영토적 접수
의 수단으로 기능하며 그에 따라 소유에 대한 권리를 독점
화한다고 적절히 언급했다(Doyle, 1985). 생식질의 수호자
인 농민들은 무장해제가 되어 새로운 식민화가 발생하는
것을 지켜만 보고 있어야 하는 것이다.

토지가 식민화됨에 따라, 생명과정에 대한 식민화는 제3
세계 농업에 심각한 영향을 줄 것이다. 첫째로, 농업을 기
반으로 한 문화적·윤리적 사회구조망을 위태롭게 할 것
이다. 예를 들어 특허가 도입됨으로 해서, 지금까지는 일
종의 선물(present)로서 농민들 사이에서 자유롭게 교환되
던 씨앗은 특허가 붙은 상품이 될 것이다. 식물신품종보호
연맹(The International Union for the Protection of New
Varieties of Plants, UPOV)[1]의 전 사무총장 린더스(Hans
Leenders)는 씨앗을 남겨두고 보관하는 농민의 권리를 폐
지할 것을 제안했다. 그는 다음과 같이 말한다.

---

1) 식물품종에 대한 육종자의 권리(PBR) 보호를 목적으로 1961년 결성된
   국제적인 연맹조직. 특허에 버금가는 보호제도로 식물품종에 대한 선
   진국과 종자기업들의 이익을 대변하고 있다. ―옮긴이

대부분의 나라에서 농민들이 자신이 재배한 곡물의
일부를 씨앗으로 남겨두는 것은 전통적인 관례였다고
할지라도, 지금처럼 변화된 상황 속에서는 농민들이 로
열티를 내지 않고 이 씨앗을 이용해서 상업작물을 재배
하는 것은 불공정한 행위이다. 종자산업계는 특허보호
를 위해 열심히 싸울 것이다.(Leenders, p. 89)

유전공학과 생명공학이 새로운 존재를 창조하는 것이
아니라, 이미 존재하고 있는 유전자를 재배열하는 것에 불
과한데도 불구하고, 이런 재배열하고 분리하는 능력이 소
유할 수 있는 권한과 권리로 둔갑해 버린 것이다. 일부분
을 소유할 수 있는 권한이 모든 생명체에 대한 통제로 둔
갑하는 것이다.

게다가 공동의 유산을 상품으로 탈바꿈시키고 또 이러
한 변환을 통해 그에 대한 재산권을 인정받아 이윤을 창출
하고자 하는 기업의 요구는 제3세계 농민들에게 정치적·
경제적으로 심각한 영향을 미칠 것이다. 이제 농민들은 특
허를 통해 생명체와 생명과정에 대한 독점을 요구하는 기
업들로부터 다음과 같은 세 가지 차원의 관계설정을 강요
받게 된다. 첫째, 농민은 초국적기업에 생식질을 공급하는
공급자로서 기업과 관계맺는다. 둘째, 농민은 유전자원의
혁신과 그에 대한 권리라는 측면에서 기업과 경쟁자 관계
에 놓이게 된다. 셋째, 농민은 기업의 기술적·산업적 생

산물을 소비하는 소비자로서 관계를 맺게 된다. 다시 말
해, 특허보호는 농민들을 무상으로 원료를 공급하는 존재
로 전락시키며, 경쟁자로 바꾸어놓으며, 씨앗과 같이 중요
한 투입물을 전적으로 산업적인 공급에 의존하도록 만들
어버린다.

  농업부문의 경우, 특허보호에 대한 필사적인 노력은 농
업 생물자원을 통제하기 위한 책략이라고 볼 수 있다. 특
허보호가 혁신을 위해 필수적이라고 주장하지만, 이 혁신
은 기업에 이윤을 가져다 줄 때만 필수적인 것이다. 사실
농민들은 재산권이나 특허에 대한 보호 없이도 공적 제도
로서 지난 수십 세기 동안 혁신을 이룩해 오고 있지 않은
가.

  더구나 식물 육종자의 권리(Plant Breeder's Rights, PBR)
와 달리 새로운 특허는 매우 광범위하게 규정하고 있어서,
개별 유전자뿐 아니라 심지어 그 특성에까지도 독점권을
허용한다. 식물 육종자의 권리는 특정 품종의 판매와 마케
팅에 대해서만 독점권을 가지는 것으로서, 씨앗의 생식질
에 대한 소유권까지 포함하고 있지는 않다. 그에 비해 특
허는 식물 전체뿐 아니라 식물의 일부분과 생명과정까지
도 포괄하는 다수의 권리를 허용한다. 그래서 디펜브록
(Anthony Diepenbrock) 변호사는 이렇게 말한다.

  당신은 작물의 품종을 보호하기 위해 거대 부분

(macroparts, 꽃·열매·종자 등), 미세 부분(microparts, 세포·유전자·플라스미드 등), 그리고 이러한 부분들의 작동을 위해 개발한 독창적인 과정까지도 하나의 집합적인 권리(one multiple claim)로 출원할 수 있다. (Kloppenburg, 1988, p. 226에서 재인용)

이와 같이 특허보호는 유전자를 비롯하여 그 특성을 가진 자원에 대한 농민의 권리를 배제함으로써 농업의 토대 자체를 위태롭게 한다. 미국의 생명공학 기업인 선진 (Sungene) 사가 개발한 해바라기 품종이 그 적절한 예가 될 수 있을 것이다. 선진 사는 올레인산(oleic acid) 함량이 높은 해바라기 품종을 개발하여 특허까지 받았다. 하지만 선진 사에 허가된 권리는 특성 —— 올레인산 함량이 높은 점 —— 에 대한 것이었지, 그러한 특성을 만드는 유전자에 대한 것은 아니었다. 그런데도 이 회사는 해바라기 육종자들에게, 올레인산의 함량이 높은 품종을 개발하는 일체의 행위를 모두 특허권 침해로 간주할 것이라고 통보하였다.
　식물의 특허와 관련한 획기적인 사건으로는 1985년 미국의 판결이 있다. 지금은 "일방적으로 승리한 하이버드 (ex parte Hibbered)"라는 문구로 유명해진 판결이기도 하다. 이 판결에서 분자유전 과학자인 하이버드(Kenneth Hibbered)와 그의 동료 연구원들은 조직배양, 종자 그리고 조직배양으로부터 선택된 옥수수 전체에 대한 특허를 얻어냈다(같은 책, p. 266). 이 특허는 260가지가 넘는 개별 권리들을 포함하고 있는데, 구체적으로 하이버드와 그 동료들에게 260가지 측면의 사용에 있어서 다른 사람들을 배제할 수 있는 권리를 부여한 것이었다. 하이버드는 기업 간 경쟁에 있어서 새로운 법적 맥락을 명확하게 설정했다고 할 수 있겠지만, 이로 인한 결과가 미칠 가장 심각한 영향은 농민과 종자산업 간의 경쟁 속에서 경험하게 될 것이다.

클로펜버그가 지적한 바와 같이, 바야흐로 종자산업의 가장 오랜 숙원이라고 할 수 있는 목표가 실현될 수 있는 사법적인 틀이 자리를 잡아가고 있는 것이다. 즉 이제 농민들은 식물로부터 씨앗을 그냥 얻는 것이 아니라 해마다 종자회사에서 씨앗을 사야 하게 된 것이다. 산업 특허는 다른 사람이 그 생산물을 사용하는 것은 허가하지만, 만들 수 있는 권리는 불허한다. 그런데 씨앗은 스스로 만들어진다. 따라서 씨앗에 대한 이용 특허는, 특허를 받은 씨앗을 구매한 농민들이 씨앗을 이용(재배)할 권리는 가지지만 만들 수 있는(저장하고 다시 심는) 권리는 갖지 못한다는 것을 의미한다. 특허를 받았거나 그 보호를 받는 품종의 씨앗을 보관한다거나 다시 심는 농민은 법을 위반하는 것이 되는 것이다.

지적 재산권을 통해 자연과 농민, 여성에 속하는 것을 약탈하고자 하는 시도가, 그리고 이러한 침략에 대해 개선

과 진보라는 이름을 붙이려는 시도가 진행중이다. 부를 창
조하기 위한 수단으로서 폭력과 약탈은 신기술을 통해 우
리의 신체와 자연을 식민화하는 데 있어서 필수적인 것이
다. 착취당하는 사람이 범죄자가 되고, 착취하는 사람은
보호를 요청하고 있다. 선진국은 후진국으로부터 보호를
받아야 한다. 그래야만 제3세계의 유전적 다양성에 대한
약탈을 방해받지 않고 계속해 나갈 수 있기 때문이다.
WTO하에서의 종자전쟁, 무역전쟁, 특허보호, 지적 재산
권은 분리(seperation)와 분열(fragmentation)을 통한 소유
권의 주장이다. 미국이 요구하는 권리체제가 시행된다면,
가난한 나라에서 부자나라로 부가 이동됨으로 해서 제3세
계의 위기는 지금보다 10배 이상 악화될 것이다(RAFI,
1991).

　미국은 제3세계를 해적행위로 고소했다. (미국이 주장하
는) 손실 로열티 추정액은 농화학부문의 경우 연간 2억
200만 달러, 제약부문은 연간 25억 달러이다(같은 책). 또
1986년 미국 상무부의 조사에서는, 지적 재산의 보호장치
가 부적절하고 비효율적으로 운영됨으로 해서 미국 기업
들이 해마다 손해보는 액수가 238억 달러나 된다고 주장
하고 있다.

　그러나 국제농업진흥기금(Rural Advancement Foundation
International, RAFI)[2]은 제3세계 농민과 부족들의 공헌이

---

2) 캐나다 오타와에 본부를 두고 있는 제3세계 농촌 및 농업 문제 연구단

고려된다면, 그 역할이 극적으로 반전될 수 있다는 것을 보여주었다. 즉 미국은 제3세계 국가들에 대해 농업분야의 경우 3억 200만 달러, 제약산업 분야의 경우 51억 달러의 로열티를 빚지고 있다는 것이다. 따라서 이러한 두 개의 생물산업 부문만 보더라도 미국은 자신들이 추정한 손실액을 제하고도 제3세계에 무려 27억 달러나 더 갚아야 한다는 것이다(같은 책).

이러한 채무가 계산되는 것을 방지하기 위해서는, 지적 재산권 규제를 통하여 창조의 경계(the creation boundary)를 만드는 것이 필수적인 것이 된다. 이러한 규제 없이 생명의 재생과정에 대한 식민화는 불가능하다. 하지만 특허 보호·혁신·진보라는 이름으로 이러한 일들이 일어나고 있는 것을 허용한다면, 결국에는 생명 그 자체가 식민화될 것이다.

토종종자·토착지식·농민의 권리를 어떻게 다루어야 할 것인가에 대해서는, 현재 서로 다른 관점을 반영하고 있는 대략 두 가지 경향이 존재한다. 한 가지 경향은 씨앗과 생물 다양성의 내재적 가치를 인식하고 농업혁신과 종자보전에 농민들이 기여한 공헌을 인정하는 한편, 특허를 유전적 다양성과 농민에 대한 위협으로 본다. 이 경향을

체로, 다국적자본의 생명공학 공세로부터 제3세계의 농업분야 생물 다양성을 지켜나가기 위한 활동들을 활발히 펼치고 있다. 홈페이지는 http://www.rafi.ca — 옮긴이

반영하여 농민의 권리라는 이슈가 가시화될 수 있도록 노력하는 전지구적 수준의 가장 중요한 장으로는 세계식량농업기구(FAO)의 식물유전자원위원회(Commission of Plant Genetic Resources)(FAO, 1983)와 키스톤 논의(Keystone Dialogue)(Keystone International Dialogue on Plant Genetic Resources, 1991)를 들 수 있다. 그리고 지역 수준에서는 아시아·아프리카·라틴아메리카 전역에 걸쳐 있는 지역 공동체들이 자신들의 토종종자를 저장하고 재생하기 위한 조치들을 취하고 있다. 한 가지 예를 들자면, 인도에서는 나브다냐(Navdanya, 토종종자보전)라는 네트워크를 구축하였다.

하지만 이러한 대책들에도 불구하고, 지역의 식물 다양성이 특허를 받은 품종으로 점점 대체되어 나가고 있는 것이 지배적인 추세이다. 이와 동시에 국제적 기구들은 종자회사들로부터 압력을 받아 농민들의 지식과 권리를 부정하는 지적 재산권 체제를 계속 추진하고 있다. 예를 들어 1991년 3월에 개정된 식물신품종보호연맹은 농민 예외조항 ── 농민이 종자를 저장했다가 다시 심는 권리 ── 을 국가가 자의적으로 삭제하는 것을 허용했다(GRAIN, 1990).

그런가 하면 유전자원을 사유화로 이끄는 또 다른 발전 방향으로는 1992년 5월 22일 국제농업연구자문집단(The Consultative Group on International Agricultural Research, CGIAR)이 작성한 정책성명서 같은 것이 있는데, 이 성명서는 국제유전자은행이 보유하고 있는 유전자원의 사유화와 특허부여를 허가할 것을 요구하고 있다(Shiva, 1992a). 그러나 특허 추진을 종용하는 가장 강력한 압력은 특히 TRIPs와 농업에 대한 합의와 관련되어 있는 WTO로부터 나오고 있다(Shiva, 1992b).

기계로 전락한 인간

씨앗을 살아 있는 재생 가능한 자원에서 단순한 원료물질로 변화시키는 것과 거의 비슷한 방법으로, 기술은 여성을 비하시킨다. 일례로, 생식기술(reproduction technology)은 여성의 신체를 기계화하는 —— 직업적인 의료 전문가가 관리하는 파편화되고 물신화되고 대체 가능한 부품의 조합으로 여기는 —— 것과 연결되어 있다. 이에 관한 한 미국이 가장 많이 발달되어 있긴 했지만, 제3세계에도 생식기술이 점점 퍼져나가고 있다.

출산의 기계화는 제왕절개의 이용이 증가하는 데서 명백히 드러난다. 의미심장하게도 의사가 주도적으로 관리하고 여성은 최소한의 노력만 할 것을 요구받는, 이러한 방법이 최상의 결과를 제공하는 것으로 여겨지고 있다. 그러나 제왕절개는 외과적 절차인데다, 정상분만에 비해 합병증의 발병 가능성이 2~4배나 높다. 처음에는 제왕절개가 생명이 위험한 태아를 분만하는 방법으로 도입되었지만, 이것이 일반적으로 사용될 경우에는 건강과 생명에 대한 불필요한 위협을 가져올 수 있다. 현재 미국인들은 4명 중 거의 1명 꼴로 제왕절개에 의해 태어난다(Postman, 1992). 브라질은 세계에서 제왕절개 출산율이 가장 높은 나라 중의 하나이다. 사회보장 시스템에 등록된 환자에 대한 전국적인 연구에 따르면, 제왕절개 비율이 1974년 15%에서 1980년 31%로 증가한 것으로 나타났다. 상파울루 같은 도시지역의 경우 제왕절개 출산율이 75%나 된다고 한다.

농업에서 녹색혁명 기술에 의한 작물생산이 생명공학 기술에 의한 것으로 옮겨갔듯이, 동일한 변화가 인간의 생식에서도 일어나고 있다. 새로운 생식기술이 도입됨으로 해서 어머니에게서 의사로, 여성에게서 남성으로 지식과 기술의 이동이 더욱더 강조될 것이다. 『생식혁명(*The Reproductive Revolution*)』에서, 싱어(Peter Singer)와 웰즈(Deane Wells)는 정자의 생산이 난자의 생산보다 훨씬 더 가치 있다고 주장한다. 그들은 여성의 신체에 화학적·기계적 침입이 이루어지고 있음에도 불구하고, 난자 생산이 여성에게 주는 부담보다 정자 생산이 남성에게 주는 부담이 더 크다고 결론 내린다(Singer and Wells, 1984).

현재는 비정상적인 불임의 경우에 체외수정을 비롯하여 다른 기술들이 제공되고 있지만, 자연과 비자연의 경계는 유동적이거니와 비정상적인 경우를 위해 창출된 기술이 보편적으로 사용되게 되면 오히려 정상이 비정상으로 재규정되는 경향이 있다. 임신이 처음으로 의학적인 관점에서 질병으로 취급받기 시작했을 때에는, 비정상적인 경우에 한해서 전문적인 치료를 받았으며 정상적인 경우에는 원래의 전문가인 산파를 찾는 것이 계속 유지되었다. 그러나 영국에서 30년대에는 출산의 70%가 집에서 분만할 수 있는 정상상태라고 생각되었지만, 50년대에는 70%가 병원에서 분만해야 하는 비정상인 것으로 인식되었다!

새로운 생식기술은 뿌리 깊은 가부장적 신념들을 유지하기 위해 되풀이되는 주장에 현대과학의 레토릭을 제공했다. 여성은 빈 용기로 간주되고 태아는 아버지의 씨에 의해 창조되었기 때문에 부권에 의해 소유된다고 보는 사고는, 여성과 태아의 유기적 연결관계를 논리적으로 절단시키는 결과를 가져온다.

자신들이 아이를 생산하고 창조한다고 믿는 의료 전문가들은, 이미 이에 대해 잘 알고 있는 어머니들에게 자신들의 지식을 강요한다. 그들은 자신들의 지식은 절대 확실한 것이고, 여성들의 지식은 터무니없는 히스테리라고 생각한다. 그리고 자신들의 파편화되고 침략적인 지식을 통해, 그들은 어머니와 태아 간에 —— 태아만이 보호받아야만 하는 생명으로 바라보며, 어머니는 태아의 생명을 위협하는 잠재적 범죄자로 환원되는 —— 갈등을 만들어낸다.

이와 같은 어머니와 태아의 갈등이라는 잘못된 구성물은 남성 의사가 여성과 산파로부터 출산을 인수하게 된 가부장적 근거가 되었으며, 한 세기 후에는 페미니스트에 의해 여성의 '선택'으로 받아들여졌다. 그래서 '선택을 옹호(pro-choice)'하는 운동과 '생명을 옹호(pro-life)'하는 운동은 모두 여성과 생식에 대한 가부장적 구성(construction)에 근거하고 있는 것이다.

기술을 통해 생명을 의학적으로 구성하는 것은 사고력과 지력이 있는 인간으로서 여성이 갖는 삶의 경험과 서로 모순된다. 따라서 여기서 갈등이 발생하면, 최근의 대리모와 새로운 생식기술에서 나타나는 것과 같이, 남성 전문가에 의한 여성 생명의 통제를 확립하기 위해 가부장적인 과학과 법률은 서로 협력한다. 이리하여 재생능력과 연관된 여성의 권리는, 생산자로서 의사가 갖는 권리와 소비자로서 부유한 불임부부가 갖는 권리로 대체되어 버렸다.

의사나 부유한 부부들이 볼 때, 기계처럼 착취되는 여성의 신체는 보호가 필요한 대상이 아니다. 대신 자궁을 구입한 소비자는 대리 자궁으로 환원되는 생물학적 어머니로부터 보호받을 필요가 있다. 1986년의 유명한 베이비 엠(Baby M.) 사건이 그 예가 될 수 있을 것이다. 베스(Mary Beth)는 자신의 자궁을 빌려주기로 동의했으나, 임신으로 아이의 의미가 무엇인지 경험한 그녀는 돈을 돌려주고 아이를 갖기를 원했다. 그러나 뉴저지 법원은 자신의 정자에 대해 여성과 체결한 남성의 계약은 신성한 것이지만 임신과 출산은 그렇지 않다고 판결했다. 이러한 정의

(justice) 개념에 대해 체슬러(Phyllis Chesler)는 『신성한 계약(*Sacred Bond*)』에서 다음과 같이 지적했다.

마치 이러한 전문가들은 19세기의 선교사들 같고, 베스는 문명화를 위해 개종하는 것을 거부하는, 더구나 전쟁 없이 자신의 자연자원을 약탈하는 것을 용납하지 않는 고집 센 원주민 같다.(Chesler, 1988)

이런 창조자로서의 남성의 역할은 또 릴랙신(relaxin)이라는 호르몬의 유전자 조합코드를 기술한 데 대한 특허 출원을 정당화하고 있는데, 여성의 난소에서 합성되어 저장되어 있는 릴랙신은 자궁의 팽창을 도움으로써 출산과정을 촉진하는 호르몬이다. 이와 같이 여성의 신체에서 자연적으로 생겨나는 물질이 후드(Peter John Hud), 닐(Hugh David Nill), 트레거(Geoffrey William Tregear)라는 세 명의 남성 과학자들의 발명품으로 간주되고 있는 것이다.[3] 침략적이고 파편화된 기술을 통해 소유권이 획득된 전형적인 사례가 아닐 수 없다. 파편화된 기술, 자원과 인간에 대한 통제 및 소유권을 연결시켜 주는 고리는, 타자에 대한 권력으로서의 지식이라는 가부장적 프로젝트의 기반을 형성하였다.

이 프로젝트는 다음 세 가지의 분리를 인정하는 것을 근

---

3) European Patent Office, application no. 833075534.

거로 하고 있다. 첫째는 영혼과 신체의 분리, 둘째는 남성
활동은 지적인 것으로 여성 활동은 생물학적인 것으로 보
는 성적인 분리, 그리고 마지막으로 인식주체인 사람과 인
식대상이 되는 자연의 분리가 그것이다. 또 이러한 분리는
정치적으로 창조의 경계를 사고하는 적극적 남성, 사고하
지 않는 수동적인 여성 그리고 자연으로 구분하는 식으로
구성하도록 한다.

　오늘날 생명공학은 지적 재산권을 통해 자연과 문화 사
이의 경계를 구축하고 나아가 여성과 농민의 지식 및 노동
을 자연으로 정의하기 위한 지배적인 문화적 도구이다. 이
와 같은 가부장적 구성물은, 자연스러운 점이 하나도 없어
도 자연적인 것으로서 투영된다. 반 월호프(Claudia van
Werlhof)가 지적한 대로, 지배적인 관점에서 자연은 모두
공짜로 혹은 가능한 한 싸게 이용되어야 하는 것들이다.
여기에는 사회적 노동의 산물도 포함된다. 여성과 제3세
계 농민의 노동은, 비노동이자 생물학적인 과정에 불과하
며 자연자원이다. 따라서 이들의 생산물은 자연적인 퇴적
물에 가까운 것이다(Werlhof, 1989).

생산과 창조의 경계

　가치에서 비가치로, 노동에서 비노동으로, 지식에서 비

지식으로의 전환은 매우 강력한 두 가지 구성물——생산의 경계와 창조의 경계—— 에 의해 이루어진다.

생산의 경계란 생산영역에서 재생적이고 재생 가능한 생산순환을 배제하는 정치적 구성물이라고 볼 수 있다. 성장을 계산하기 위해 GNP 개념을 사용하는 국가의 회계시스템은, 생산자가 자신이 생산한 것을 소비한다면 그들은 생산의 범위 밖에 존재하는 것이기 때문에 사실 아무것도 생산하지 않은 것이라는 가정에 근거해 있다(Waring, 1988). 그래서 가족이나 아이들, 자연을 위해서 생산하는 여성들은 모두 경제적으로 비활동적이기 때문에 비생산적인 것으로 간주된다. 생물 다양성 이슈를 다룬 환경과 개발에 관한 유엔회의(UNCED)의 논의 또한 자가소비를 위한 생산을 시장의 실패라고 언급했다.[4] 따라서 경제가 시장으로 한정되면, 경제분야에서의 자족(self-sufficiency)은 경제적 부족으로 간주될 수밖에 없다. 제3세계의 생계경제(subsistence economy) 속에서 이루어지는 노동과 여성노동의 가치절하는 자본주의적 가부장제에 의해 구축된 생산체제가 가져온 자연스러운 결과라고 할 수 있다.

창조의 경계 내에서의 지식 또한 생산의 경계 내에서의 노동과 마찬가지이다. 창조의 경계는 여성과 제3세계 농

---

4) United Nations Conference on Environment and Development, "Agenda 21", adopted by the plenary on June 14, 1992, Published by the UNCED secretariat, Conches, Switzerland.

민과 토착민의 창조적 공헌을 배제하면서, 이들을 지적 활동도 없는 반복적인 생물학적 과정에 종사하는 존재로 본다. 생산은 경제적인 것, 재생산은 생물학적인 것이라는 특징을 부여하여 서로 분리하는 것은, 그것이 사회적·정치적으로 형성되었다 할지라도 자연스러운 것으로서 다루어진다는 암묵적인 가정을 바탕으로 하고 있다.

창조의 경계 내에서의 이러한 가부장적 변화는 여러 가지 이유로 해서 잘못된 것이다. 첫째, 남성의 활동은 무(無)에서부터 발생하기 때문에 진정한 창조라는 가정은 생태적으로 잘못된 것이다. 기술적 인공물이나 산업상품은 무에서 만들어지는 것이 아니다. 아무것도 없는 무에서 산업과정이 발생하지는 않는다. 인간의 사회적 노동뿐 아니라 자연과 그 창조성은 산업생산의 각 단계에서 원료나 에너지로 소비된다. 특허로 보호되어야 할 창조물로 여겨지는 생명공학 종자(biotech seed)는 농민의 씨앗 없이는 존재할 수 없을 것이다.

단지 무(無)에서 생산된다는 이유로 산업생산이 진정한 창조라는 가정은 이로 인한 생태파괴를 은폐하고 있다. 가부장적인 창조영역은 생태파괴를 창조로 인식하게 하며, 생태적 재생을 생태계 순환의 붕괴와 지속 가능성의 위기의 기초가 된다고 생각하게 만든다. 무엇보다도 생명을 지탱한다는 것은 생명을 재생하는 것을 의미한다. 그러나 가부장적 관점에 따르면, 재생하는 것은 창조하는 것이 아니라 단순히 반복하는 것일 뿐이다.

또한 그러한 창조성의 정의는, 아이를 양육하고 땅을 경작하는 여성과 생계생산자의 노동이 재생능력을 보전한다는 점을 보지 못한다는 점에서 잘못된 것이다.

재생을 새로움(novelty)의 감소라고 가정하는 것 또한 잘못된 것이다. 재생은 단순한 반복이 아니다. 공학이 획일성을 생산하는 데 비해, 재생은 다양성을 수반한다. 사실 재생은 다양성이 생산되고 혁신되는 방식이다. 그 어떤 산업과정도 무에서 발생할 수 없기 때문에, 가부장제의 창조에 관한 신화는 특히 생명체가 산업생산의 원료가 되는 생명공학의 경우에는 근거가 없는 것이다.

새로운 관계를 건설하자

여성과 자연에 대한 가부장적 권력의 원천은 분리와 분열에 있다. 자연은 문화로부터 분리되면서 예속되었다. 정신은 물질과 분리되면서 물질을 지배하게 되었다. 여성은 남성으로부터 분리되면서 자연 및 물질과 동일시되었다. 그 하나의 결과가 바로 여성과 자연에 대한 지배이다. 재생순환의 파괴는 또 하나의 결과이다. 질병과 생태파괴는 생명과 건강의 재생순환이 방해받음으로 해서 발생하는 것이다.

건강과 생태계의 위기는, 씨앗과 여성의 몸을 포함한 세계를 전부 엔지니어링할 수 있다는 인간(남성)의 능력에 대한 가정에 의문을 제기한다. 가부장제가 가정하고 있듯이, 자연은 그 특성들을 모아서 구성할 수 있는 수동적인 구성물이 아니다. 생태학은 우리와 자연의 관계가 조화를 이루는지 아니면 그렇지 못한지를 인식하는 것이다. 연결성과 관계에 대해 깨닫고 이해하는 것이 생태적으로 요구된다.

생태운동의 주된 공헌은 정신과 육체, 인간과 자연은 분리되어 있는 것이 아니라는 인식을 갖게 해준 것이다. 자연은 우리의 삶과 건강에 필요한 바로 그 조건들을 제공해 주는 관계와 연결로 구성되어 있다. 이러한 연결과 재생의 정치는 생태적 파괴를 불러일으키는 분리와 분열의 정치에 대한 대안을 제공해 준다. 바로 '자연과의 연대' 정치이다.

자연과의 연대 정치란, 자연과 문화가 서로 영향을 미치면서, 분리되거나 적대적이지 않은 방식으로 급진적으로 변화하는 것을 의미한다. 재생의 정치를 통해 자연과 협력 관계를 맺기 시작함으로써, 여성은 동시에 자신과 자연의 활동성과 창조성을 회복할 수 있다. 사실 재생의 정치는 근본적으로 여성과 자연의 본질을 수동성으로 규정하는 가부장적 정의를 부정하는 것이기 때문에, 여기에서 본질주의적인(essentialist) 것은 없다. 자연적인 것들(the natural)

은 다양한 배경 속에서 다양한 관계를 통해 구성되기 때문에, 여기에서 절대주의적인(absolutist) 것은 없다.

자연적 농업과 자연적 출산은 인간의 창조성과 가장 높은 수준의 감수성을 수반하며, 나아가 분리가 아닌 협력관계와 참여에서 나오는 창조성과 지식을 동반한다. 여성과 공동체의 일상적 삶에서 형성되는, 자연과의 협력관계의 정치는 관계를 다시금 만드는 정치이며, 역동성과 다양성을 통한 재생의 정치이다.

제4장

생물 다양성과 민중의 지식

열대지역은 그 어떤 것과 비교할 수 없을 만큼 다양하고 많은 생태계를 품고 있는 지구 생물 다양성의 요람이다 (Shiva, 1993). 제3세계 국가들 대부분이 이런 열대지역에 위치해 있으며, 따라서 이러한 풍부한 생물 다양성을 가지고 있다. 그런데 현재 이 지역들의 생물 다양성은 매우 빠른 속도로 파괴되고 있다. 이렇게 된 데는 다음과 같은 두 가지 중요한 원인이 있다.

첫째, 생물 다양성이 풍부한 지역에 국제적으로 투자되는 대규모 프로젝트 —— 댐, 고속도로, 광산, 양식업 등 ——에 의해 발생하는 자연환경 파괴가 있다. 청색혁명 (Blue Revolution)은, 해양 생태계의 풍부한 다양성을 가진 해안지역과 농업 생태계가 풍부한 내륙지역이 집약적인 새우양식에 의해서 어떻게 파괴되는지를 보여주는 적절한 예[1]이다.

둘째로, 농업·임업·수산업 그리고 축산업 부문에서 단일 종의 재배를 유도해서 이것이 다양성을 대체하게 하는 기술적·경제적인 압력이 있다. 녹색혁명은 생물학적 획일성과 단작에 의해서 생물 다양성이 고의적으로 파괴되는 예이다.

이와 같은 생물 다양성의 침해는 연쇄반응을 일으킨다. 생물 종 하나의 멸종은, 이 종과 먹이사슬로 서로 연결되어 있는 수많은 다른 종들의 멸종으로 이어진다. 그러나 생물 다양성의 위기는, 산업에 필요한 천연자원으로 쓰이면서 기업을 위해 무한한 이윤창출의 잠재력을 가진 생물 종들이 사라진다는 것만 의미하는 것은 아니다. 보다 본질적으로 이 위기는 생태계(life-supporting system)와 제3세계 국가들에 살고 있는 수많은 민중들의 생계를 위협하는 것이다.

생물 다양성은 민중들의 자원이다. 풍요로운 선진 산업국가들이 생물 다양성을 외면하고 그에 등을 돌리고 있는 동안에도, 제3세계의 가난한 민중들은 식량과 영양 공급

---

1) 열대지방의 해안지역(주로 아프리카 해안지역)에서 울창한 망그로브 숲을 베어내고 그 자리에 새우양식장을 건설함으로써 숲과 해양 생태계를 동시에 파괴시키고 있는 사례가 있다. ―옮긴이

그리고 의료와 땔감, 의복, 주거를 위해서 생물자원에 계속 의존해 오고 있다.

새로운 생명공학 기술의 출현은 생물 다양성의 의미와 가치를 변화시켰다. 가난한 자들의 공동체가 자신의 삶을 유지하기 위해 의존하고 있던 생물 다양성이 막강한 기업들을 위한 (산업용) 천연자원으로 탈바꿈하였다. 지구적인 생물 다양성과 유전자원에 대한 자료가 점차 늘어가고 있음에도 불구하고, 생물 다양성은 대기권이나 해양과는 달리 생태적 의미에서의 전지구적 공유물이 아니다. 생물 다양성은 특정한 국가에 존재하며 특정 집단에 의해서 이용된다. 이런 생물 다양성이 세계적인 모습을 띠는 것은 오직 세계적인 초국적기업을 위해 천연자원의 역할을 하게 될 때뿐이다.

새로운 지적 재산권 체제가 등장하고 그와 더불어 생물 다양성의 착취라는, 새로우면서도 점차 그 속도가 빨라지고 있는 가능성으로 인해, 생물 다양성을 두고 사적 소유와 공공 소유, 세계적인 이용과 지역적인 이용 사이에 새로운 갈등이 발생하고 있다.

생물 다양성, 누구의 자원인가

생물 다양성은 언제나 지역의 공동 자원이었다. 정의

(正義)와 지속 가능성의 원칙에 입각하여 자원을 사용할 수 있는 사회적 체제가 존재할 때, 자원은 공동 소유이다. 이러한 체제는 자원 이용자들의 권리와 책임성이 결합되는 방식, 자원의 이용과 보전이 결합되는 방식 나아가 자연과의 공동생산 및 자원은 공동체 구성원 모두에게 주어진 선물이라는 의미 등을 모두 포함하고 있다.

사적 소유 체제와 공동 소유 체제는 자원의 소유, 지식의 개념 및 그에 대한 접근 등 여러 가지 측면에서 차이가 있다. 공동 소유 체제는 생물 다양성의 내재적 가치를 인정하는 반면에, 지적 재산권에 의해 지배받는 체제에서는 생물 다양성의 가치는 오직 상업적 이용을 통해서만 창출되는 것으로 간주된다.

또 지식과 자원의 공동 소유 체제에서는 자연의 창조성이 인정된다. 유망한 생물학자 토드(John Todd)가 말한 것처럼, 생물 다양성은 생물체에 의해서 35억 년 동안 진행된 실험으로부터 얻어진 지혜를 함유하고 있다. 따라서 인간이 생산한다는 것은 자연과 협동해서 함께 창조하는 것으로 간주되어야 한다.

이에 비해, 지적 재산권 체제는 자연의 창조성을 부정하고 있다. 그리고 이 체제는 지역적인 지식과 지적 공유물의 창조성을 강탈한다. 게다가 지적 재산권이라는 것은 창조성 자체에 대한 인정보다는 자본의 투자를 보호하기 위한 것에 더 가까운 것이기 때문에, 지식 및 그로부터 생겨나는 생산물과 생산과정은 독점자본이 소유하는 데 비해 자본을 가지지 못하는 가난한 민중들은 그것들을 소유하지 못하는 경향이 있다. 그리하여 지식과 자원의 원래의 관리자와 제공자는 체계적으로 이 지식과 자원으로부터 소외되면서 초국적기업이 이것을 독점하게 된다.

이와 같은 경향을 통해서 생물 다양성은 지역적인 공유물에서 엔크로저된 사적 소유물로 바뀐다. 실제로 공유물의 사유화는 생명체와 생물 다양성 영역을 대상으로 하는 지적 재산권의 목적인 셈이다. 이러한 사유화는 WTO의 TRIPs협약과 생물다양성협약에 대한 특정한 해석을 통해서 점차 보편화되고 있다. 그리고 바로 이것이 생물자원 탐사(bioperspecting) 계약의 기본적 메커니즘이다.

지식과 생물 다양성의 사유화는, 지역적 지식의 가치를 절하하고 지역적 권리를 박탈하고 그리고 (발명가의 창조성만 인정하는) 신규성을 주장함으로써 생물 다양성 이용에 대한 독점적 권리를 창출하는 것을 그 핵심으로 하고 있다. 뿐만 아니라 전통적인 공동체 내에서조차 독점은 존재한다고 흔히 주장한다. 그러나 예를 들어 농업의 경우, 씨앗과 지식은 무상으로 자유롭게 교환되었다.

이와 거의 마찬가지로, 약용 식물에 관한 지식도 지역의 공동 자원이다. 식물을 기반으로 하는 의료체계는 두 가지 범주, 즉 민간요법 체계와 아유르베다(Ayurveda, 고대 힌두교도의 의학 및 장수 비결을 다룬 고대 힌두교의 경전), 싯다

(Siddha), 우나니(Unani) 같은 특화된 치료체계로 구분된다. 그러나 전문가 의료체계조차도 민간전승 지식에 의존하고 있다. 아유르베다 경전 『차라카 삼히타(*Charaka Samhita*)』를 보면, 토착의료 시술가들이 다음과 같은 조언을 받는 대목이 나온다.

소치는 사람, 요가 수행자, 숲에 사는 사람, 사냥꾼, 정원사 들로부터 배우고 식물의 형태와 특징을 파악함으로써 약초에 대하여 배우라.(*Charaka Samhita*, Sutra Sthaana, Chap 1. Sloka, p. 120, 121)

아유르베다의 지식은 또한 민중이 갖고 있는 일상적인 지식의 일부분이다. 민간의 전통과 전문화된 의료체계는 서로를 뒷받침해 주고 있다. 그러나 이와 달리 제약기업들이 주도하는 의료산업 체계는, 민중은 치료법을 알고 있지 못한 사람들로 간주한다.

또 토착의료 시술자는 자신들의 시술행위를 통해서 상업적인 독점을 행사하지 않는다는 점에서도, 비서구적 의료체계는 서구의 의료산업 체계와 다르다. 이 토착의료 시술자들이 지식을 자유롭게 교환하지 않을지는 모르지만, 지식으로부터 얻는 혜택은 무상으로 자유롭게 나눈다. 이들은 사적 이윤과 부의 끝없는 축적을 위해서 자신들의 지식을 이용하지 않는다. 그리고 이들은 인도에서 '지안 단

(gyan daan)' ── 지식을 선물하기 ── 이라고 부르는 것을 실천한다.

다른 한편, 앞에서 말한 논리에 따라서 지적 재산권은 특허 유효기간 동안 그 지식을 사용할 수 없도록 다른 사람들을 배제하면서 이윤을 얻기 위해 지식을 이용한다. 지적 재산권은 대부분 지역적인 지식과 그때까지 공유물이었던 생물 다양성에 약간의 조작을 가미했다는 데서 그 정당성을 찾고 있기 때문에, 그것은 지적·물적 엔클로저(enclosure)와 다름없다. 그 결과 민중들은 자신들의 생존과 창조성에 필수적인 지식과 자연자원에 접근하기가 더욱더 어려워지며, 문화와 생물의 다양성을 보전하는 것 또한 힘들어진다.

지식이라는 이슈에는 두 가지 중요한 역사적인 경향이 존재한다. 한쪽에서는 기계론적 환원주의라는 서구 패러다임이 환경과 인류 건강에 위기를 초래하고 있으며, 또 한쪽에서는 비서구적 지식체계가 생명 존중에 더욱 적합하다는 인식이 점점 성장하고 있다. 그렇지만 토착민들의 지식체계가 마땅한 대접을 받을 수 있었던 바로 그 시기에, WTO는 서구적 체계의 독점을 강화해 나갔다. 뿐만 아니라 WTO는 지적 재산권 독점을 확립하기 위해서, 토착민들의 지식체계를 이용할 때조차도 토착민의 체계를 가치절하하고 있다.

토착지식과 지적 재산권

　토착지식을 기반으로 해서 식물로부터 얻어진 산물과 생산과정에 특허를 부여하는 것이 지적 재산권 영역에서 주요한 갈등요소가 되고 있다.

　님(neem)나무의 특허는 그 한 가지 예일 뿐이다. 아자리쉬디타 인디카(*Azarichdita indica*)라는 학명을 가진 인도 특산의 이 아름다운 나무는 여러 세기 동안 생물 농약과 약제로 이용되어 왔다. 인도의 일부 지방에서는 이 님나무의 부드러운 새싹을 먹으면서 새해를 시작한다. 또 어떤 지방에서는 이 나무를 신성하게 여기며 숭배한다. 인도 어디서나 사람들은 매일 아침 님나무 다툰(datun, 칫솔)으로 양치질하여, 그 나무의 항박테리아 성질로 치아를 보호한다. 오래 전부터 인도의 지역 공동체들은 경작지나 제방 혹은 집 근처의 텃밭이나 공유지에 님나무를 심어서 이 나무를 번식·보호하여 이용하는 데 정성을 쏟고 이 나무에 경의를 표했는가 하면, 이에 필요한 지식을 계승·발전시켜 왔다.

　그런데 오늘날 이러한 유산은 지적 재산권이라는 이름 아래 강탈당하고 있다. 여러 세기 동안 서구는 님나무와 그 특성을 무시했었다. 영국과 프랑스, 포르투갈 식민지배자들 대부분은 인도의 농민들과 의사들이 이 님나무를 이용하는 것에 주목하지 않았다. 그런데 최근 몇 년 사이에

서구에서 화학물질, 특히 농약에 대한 반발이 커져가면서, 님나무의 약리적인 특성에 대한 관심이 갑작스럽게 고조되고 있다.

1985년 이래로 미국과 일본 기업들은 님나무에 함유된 천연화합물의 안정적인 용액과 유제 제법에 대해서 12개가 넘는 미국 특허를 획득하였다. 심지어 여기에는 님나무 치약에 대한 특허도 포함되어 있다. 이 특허 가운데 적어도 4개는 미국의 그레이스(W. R. Grace) 사가 소유하고 있고, 역시 미국 회사인 네이티브 플랜트 인스티튜트(Native Plant Institute)가 3개, 일본의 데루모 사가 2개의 특허를 가지고 있다. 그레이스 사는 특허를 획득한 이후 미국 환경청(EPA)으로부터 허가를 얻게 될 것이라는 기대를 안고서, 인도에 공장을 세우고 님나무를 원료로 한 제품의 생산·판매를 시작하였다. 또 이 회사는 인도인 제조업자들 몇 명에게 접근하여, 기술을 자신들에게 양도하거나 아니면 제품의 생산을 중단하고 대신에 원재료만 공급할 것을 제안하였다. 그레이스 사의 이 같은 방식을 머지않아 다른 특허보유 기업들도 뒤따르게 될 것이다. "님나무로부터 달러를 뽑아내는 것은 비교적 쉬운 일이다"라고 『사이언스(Science)』지는 평가하고 있다(Stone, 1992).

『에이지 바이오테크놀로지 뉴스(Age Biotechnology News)』에서는 그레이스 사의 가공설비를, "님나무를 원료로 한 세계 최초의 생물농약 제조시설"이라고 말했다. 그러나 인도에 있는 거의 모든 가정과 마을 들은 생물농약을 만드는 설비장치를 갖추고 있다. 인도의 면화산업단체인 카디(Khadi)와 마을산업위원회(the Village Industries Commission)가 님나무 제품을 생산·판매해 온 지는 무려 40년이나 되었다. 기업가들은 '인디아라(Indiara)' 같은 님나무 제품을 출하하고 있는가 하면, 토착기업인 캘커타 화학은 몇십 년 동안 님나무 치약을 제조해 오고 있다. 그런데 다음과 같이, 그레이스 사는 특허권을 정당화하기 위해서 자신들의 근대화된 천연화합물 추출공정이 진정 새로운 혁신이라고 주장하고 있다.

전통적인 지식이 합성물 및 공정 연구개발에 실마리를 주었다고 할지라도, 우리 것은 충분히 새로우며 자연적인 상태에서 얻은 생산물이나 그것을 얻기 위한 전통적인 방식과는 다르다. 따라서 특허가 가능한 것이다.[2]

간단히 말해서, 자신들의 공정은 새롭고 인도인의 기술에 비해 진일보한 것이라고 추측하는 것이다. 하지만 이것은 서구인들의 무지 속에서나 존재할 수 있는 새로움이다. 인도에서 님나무에서 얻어진 생물 농약과 약제를 사용해 온 2천 년 동안, 비록 활성성분들에 라틴어 학명이 부여되

---

2) Letter to Professor Narjundaswamy, convener of the Karnataka Rajya Raitha Sangha Farmers' Organization.

지는 않았지만, 특수한 용도를 위한 정교한 공정이 많이
개발되었다. 님나무에 대한 지식과 그 이용을 공유하고 있
다는 사실 때문에, 인도의 중앙해충방제국은 1968년의 살
충제법에 님나무 제품을 등록하지도 않았다. 중앙해충방
제국은, 님나무 물질은 아주 오래 전부터 아무런 부작용도
없이 여러 가지 용도로 인도에서 광범위하게 이용되어 왔
다고 지적하였다.[3]

생물 다양성은 인간의 필요를 충족시킬 수 있는 다양한
특성을 가지고 있다. 님나무의 경우, 이 나무가 생물학적
살충제의 특성을 가지고 있다는 지식은 대중적인 영역에
서의 메타 지식 —— 원리적인 지식(knowledge of principles)
—— 이다. 이러한 지식이 주어진다면 님나무로부터 다양
한 산물을 얻기 위해서 다양한 기술과정들이 이용될 수 있
다. 이것은 새로운 것이 아니라, 누구에게나 명백한 것이
다.

마이크로 지식 —— 즉 기술공정을 어설프게 조작하는 데
이용되는 지식 —— 의 수준에서 님나무에 대한 지적 재산
권을 주장하는 근거는 두 가지 측면에서 전혀 정당하지 않
다. 첫째, 그것은 자연의 창조성과 다른 문화의 창조성을
자신의 소유물이라고 주장하기 때문이다. 둘째, 님나무의
경우 생물학적 살충제의 특성이 특허권자에 의해서 창조

---

3) EPA는 전통적인 지식의 유효성을 받아들이지 않았을 뿐 아니라, 생산
   물 중에 하나인 마그산-O에 대해서 모든 안전검사를 받도록 하였다.

된 것이라는 잘못된 주장에 다다르게 되기 때문이다. 이러한 주장은 사소한 조작을 새로움의 근원이라고 여기게 할 뿐 아니라, 특정한 종 자체가 독특한 성질과 특징의 근원이라는 점과 그런 특성을 이용하는 것을 가능하게 하는 지식의 근원이 공동체에 있다는 점을 간과하고 있다.

지적 재산권의 문제는 가치의 문제와 밀접히 관련되어 있다. 모든 가치가 자본과 연관되어 있는 것으로 여긴다면, 이런 조작은 가치를 부여하기 위해서 필수적인 것이 된다. 동시에 원천(토착민의 지식과 생물적 자원)으로부터 가치를 배제하고, 원천을 원료로 환원시킨다.

그러나 서투른 조작(tinkering)은 가치를 생산하지 않는다. 생산물의 가치는 그 원천에 의존하며, 님나무의 경우 그것이 어떻게 가공되었는가 하는 것과는 아무 관계가 없다. 다른 종에 동일한 조작이 가해진다고 해서 농약이 만들어지는 것은 아니다. 사회는 님나무를 이용하여 생물농약을 만드는 지식의 원천이며, 인식론적으로 그냥 사소한 조작을 하는 발명가가 아니라 실제로 기술적으로 강력한 조작을 이루어내는 존재이다.

그런데 지적 재산권은 생물 다양성과 지적 공유물을 사유화하는 것을 허용하고 있다. 이런 새로운 형태의 엔클로저를 나타내는 것으로서, '생물자원 탐사(bioprospecting)'라는 용어가 점점 널리 쓰이고 있다.

생물자원 탐사 대 민중의 지식

생물 다양성은 문화적 다양성이 융성하는 속에서 보호 된다. 토착적 지식체계를 이용해서, 문화는 생물 다양성을 활용하고 재생산하는 탈중앙집권화된 경제와 생산체계를 건설해 왔다. 반면에 중앙집권적인 통제를 통해서 생산 및 재생산되는 획일화된 문화(monoculture)는 생물 다양성을 고갈시킨다.

따라서 생물 다양성을 보전하기 위한 새로운 도전이라 는 것은, 다양성과 탈중앙집권성을 기반으로 하는 경제의 영역은 넓히고 반대로 단일문화와 독점, 지속 불가능성을 기반으로 하는 경제영역은 축소시키는 것이다. 이 두 종류 의 경제가 모두 생물 다양성을 투입요소로 사용할지라도, 다양성을 기반으로 하는 경제만이 다양성을 생산해 낼 수 있다. 단일문화 경제(monoculture economy)는 오직 단일문 화만 낳을 뿐이다.

토착지식 및 생산체계가 현재 지배적인 지식 및 생산체 계와 상호 작용할 때, 토착민의 체계와 현재 지배적인 체 계 중 어떤 것이 미래 시기에 발전하게 될 것인지를 예상 하는 것이 중요하다. 어떤 지식과 가치가 다양한 지역 공 동체의 미래를 모양지을 것인가?

세계자원연구소(World Resource Institute, WRI)는 생물 자원 탐사를, 상업적으로 가치 있는 유전적·생화학적 자원의 탐사라고 정의하였다(WRI, 1993). 여기서 사용된 은유는 금이나 석유를 탐사하는 것에서 차용한 것이다. 생물 다양성의 이용 및 가치생산이 탐사자에 의해서만 이루어진다고 가정되면서 생물 다양성이 제약산업이나 생명공학산업을 위한 '녹색 금'과 '녹색 석유'로 표현되고 있지만, 사실 이것들은 지역의 토착 공동체가 갖고 있는 것들이다. 나아가 이 은유는, 탐사하기 전까지는 자원은 단지 묻혀 있을 뿐 알려지지 않고 이용되지 않은 가치 없는 것이라고 가정하고 있다. 그러나 금이나 석유 매장물과 달리, 생물 다양성의 유용성과 가치는 생물자원 탐사계약을 통해서 획득하게 되는 지식을 그 동안 간직해 온 공동체에서는 이미 알려져 있는 것이다.

따라서 생물자원 탐사의 은유는 생물 다양성과 관련된, 이전부터 사용되어 오던 사실이라든가 그 지식과 권리를 은폐한다. 이리하여 서구의 것과는 다른 경제체계(alternative economic systems)는 사라지고, 서구의 탐사자들만이 생물 다양성을 의학적·농업적으로 활용하는 유일한 원천으로 투영된다. 이와 더불어 지적 재산권이라는 형태로 나타나는 독점은 자연스러운 것처럼 보이게 된다.

서구의 것과는 다른, 자유롭게 교환되는 지식 —— 님나무나 약용 식물의 이용처럼 —— 이 몰락하면, 지적 재산권의 보호를 받는 기업들이 생물농약이나 암치료제의 유일한 공급원으로 등장하는 것이다. 부가가치에 대한 독점적인 권리 주장과 생산에 대한 독점권은 경쟁상대가 부재한 속에서 합법적인 것이 된다. 설령 다른 체계가 남아 있다고 하더라도, 그것은 비합리적인 것으로 간주될 따름이다.

유용성과 가치가 서구 기업에 의해서만 창출된다는 편견은, 생물자원 탐사에 관한 서구인들의 대부분의 분석에서 명백하게 드러난다. 한 생물자원 탐사 옹호론자는 이렇게 말한다.

유전적·생화학적 자원에 대한 산업계의 관심이 증가하고 많은 연구기관과 보전기관들이 자신들 국가의 생물 다양성을 이용하지 않으면 잃게 될 것이라는 사실을 인식하게 됨에 따라, 생물자원 샘플의 수집자 및 공급자 사이의 계약이나 생명공학 기업들 사이의 계약은 더욱더 중요해질 것이다. 이러한 계약으로 성립되는 관계를 통해서, 이 계약들은 유전적·생물학적으로 얻어진 산물의 개발로부터 창출된 가치의 일부분을 지금까지 생물 다양성을 관리해 온 국가와 그 민중들이 획득할 수 있다는 점을 보장해 줄 것이다.(Laird, 1994)

생물자원 탐사를 통해서 가치를 부가할 수 있다는 인식은 결국 토착식물이나 토착지식의 가치를 제거하고 파괴한다는 사실을 은폐한다. 특정 식물의 유전자가 가치를 획득함에 따라, 특히 유전자가 시험관 속에서 복제될 수 있다면, 식물 그 자체는 불필요한 것이 된다. 나아가 식물의 유용한 특성은 토착 공동체에 의해서 확인된다는 점에서, 그 공동체 자체가 자신들의 생활양식과 지식체계와 함께 필요없는 것이 되어버리는 것이다.

또 생물자원 탐사를, 보건뿐만 아니라 농업 분야에서의 특허상품 시장이라는 맥락에서 바라보는 것이 중요하다. 왜냐하면 생물 다양성의 상품화를 목적으로 하는 탐사협력은 씨앗·생물농약·의약품 시장을 확대하기 위해서 서구와는 상이한 가치 및 지식체계를 기반으로 하는 경제를 파괴하기 때문이다.

토착 공동체가 기업으로부터 지식을 팔라는 요구를 받는다는 것은 곧 미래에도 전통을 계속 이어가면서 자신들의 지식과 자원을 가지고 살아갈 타고난 권리까지 팔라고 강요받는 것이나 다름없다. 이런 일은 선진산업 국가의 종자와 제3세계로부터 얻어진 식물을 원료로 하는 의약품의 경우에 이미 일어나고 있다. 고등식물로부터 분리되어 현대 의학에 의해 널리 쓰이고 있는 120종의 화합물 가운데 75%는 전통적인 지식체계 내에서 이미 그 효용이 알려진 것들이다. 12종 미만의 것들만 간단한 화학적 조작에 의해 합성된 것이고, 나머지는 식물로부터 직접 추출하여 정제한 것일 뿐이다(Farnsworth, 1990, p. 119). 그런가 하면 전통지식을 이용하면 식물의 의학적 용도를 밝혀내는 능력이 400% 이상 향상된다는 보고도 있다.

그런데 생물자원 탐사의 이 같은 부정(injustice)과 부도덕성을 은폐하기 위하여, 제3세계 국가의 기여에 대해 보상하도록 하는 조약이 체결되고 있다. 예를 들어 1992년 엘리 릴리(Eli Lilly) 사는 거대 생물자원 탐사회사인 샤먼 제약회사(Shaman Pharmaceuticals)에 400만 달러를 주고 원주민 치료사의 지식을 사용해서 추출해 낸 항균제에 대한 전세계 시장 독점권을 확보했다. 그리고 샤먼 제약회사의 비영리조직인 '치유의 숲 보전위원회(The Healing Forest Conservancy)'는 엘리 릴리 사로부터 받은 돈 일부를 자사가 활동하고 있는 나라의 정부와 민중들에게 되돌려 줄 예정이라고 한다. 그러나 그 액수가 얼마인지는 전혀 알려지지 않고 있다.

서구 기업들에게 토착지식 체계나 토착민의 권리라는 것은 존재하지 않는다. 따라서 토착지식에 강하게 의존해서여 식물로부터 수많은 의약품을 얻어내고 있는 제약산업은 아무 거리낌없이 책자 등을 통하여 제3세계의 생물 다양성에 대한 권리는 민중들의 지적 권리 혹은 여러 세기 동안 발전시켜 온 관습적인 권리가 아니라, 지리적인 사건으로부터 새롭게 천명된 재산권이라고 말하고 있다. 이 논리에 따르면, 이방인에 의해서 식물이나 동물로부터 추출된 의약품에 대해 개발도상국이 최대한 주장할 수 있는 것이라곤 기껏 지리적인 수수료뿐이다(SCRIP, 1992, p. 102, 103). 하지만 일부 비평가들은 기업인과 과학자, 변호사가 서로 만나 협상을 할 것을 제안하고 있다. 그럼에도 불구하고 여전히 생물 다양성이 풍부한 국가의 정부와 민중들은 생물자원 탐사에 대한 계약을 논의하는 데 있어서 전혀 고려대상이 되고 있지 않다(Biodiversity Prospecting, 1991, p. 103).

가장 널리 알려진 사례 가운데 하나가, 1991년 머크 제약회사(Merck Pharmaceuticals)와 코스타리카의 국립생물다양성연구소 인비오(INBio) 사이에 체결된 조약이다. 이 조약에서, 머크 사는 인비오에 고용된 사람들이 코스타리카 열대우림에서 수집한 식물 샘플을 보관하고 분석할 수 있는 권리에 대해 100만 달러를 지급하기로 약속하였다. 연간 40억 달러의 수익을 얻는 다국적기업이 생물자원 탐사에 대하여 이와 같은 무조건적인 권리를 획득하는 대가로 조그마한 보전기구에게 100만 달러를 제공하는 것은, 결코 코스타리카 정부와 지역 공동체의 권리를 존중하는 것이 아니다. 게다가 이 조약은 국립공원 안이나 주위에 살고 있는 민중들의 참여는 전혀 없이 체결되었다. 이들은 머크 사와 인비오 간의 거래에 대해서 어떤 발언의 기회도, 이익도 보장받지 못했다. 이 점에 관해서는 정부도 마찬가지였다. 조약은 초국적기업과 미국의 저명한 보전생물학자인 잰즌(Dan Janzen)의 주도로 발전된 자연보전단체 사이에서 체결되었을 뿐이다.

머크 사와 인비오 간의 이 조약의 목적은, 후진국에서

선진국으로 자원이 자유롭게 이동하는 것을 막기 위한 것이기는 하다. 잰즌이 말하는 것처럼, 자원 보유국에 로열티를 지급하지 않고서 생물자원을 탐사하고 이용하는 날은 이제 끝났다. 하지만 잰즌에게 코스타리카는 5만 제곱킬로미터의 부지를 가진 기업에 불과하다. 그 부지 위에 50만 종의 생물로 가득 찬 1만 2천 제곱킬로미터의 온실이 있는 것이다. 이 기업에는 300만 명의 주주가 있으며, 현재 주주 한 사람당 GNP는 고작 1500달러이다. 그리고 코스타리카 사람들은 일반적으로 GNP 1만~1만 5천 달러 정도의 생활수준을 열망하고 있다.

이러한 세계관을 가지고 있기 때문에, 인비오는 다국적 기업의 자원탐사를 해결책으로 본다. 그러나 자원을 이용할 수 있는 권리를 판 사람들은 결코 생물 다양성에 대한 권리를 가진 사람들이 아니며, 거래를 통해 자신들의 권리를 매매당한 사람들은 이 거래에 대한 어떤 협의나 참여 기회도 가지지 못했다.

어디 그뿐인가. 이렇게 생물자원 탐사를 통해서 들어온 수입이 제3세계의 과학역량을 확립하는 데 이용될 수 있었음에도 불구하고, 실제로 건설된 것은 기업을 위한 설비 뿐이었다. 토착민과 지역 공동체로부터 얻어낸 지식이 실마리가 되어 사용 가능하게 된 약용식물의 세계시장 가치는 현재 430억 달러 가량 되는 것으로 평가되고 있다. 이 가운데 특별한 경우에 한해서 아주 적은 액수가 탐사비용으로 지불되고 있으며, 이렇게 지불된 돈은 자원 보유국의 연구역량을 갖추는 데 사용될 것으로 기대되고 있다. 그러나 머크 사가 코스타리카 대학에 화학물질 추출용 설비를 제공했을 때, 이 회사는 그 설비를 철저히 상업적인 목적으로만 사용할 것을 요구했다. 이렇게 설비는 자원 보유국의 광범위한 국가적 이익을 위해서 사용할 수 없게 되었으며, 연구역량을 형성하는 것은 투자회사에 의해서 저지당했다.

생물자원 탐사와 관련된 또 하나의 문제는 생물자원의 수집이 흔히 과학적 교환활동의 일환으로 진행되고 있으며, 그 활동에 참여하는 과학기관들은 기업들과 관계를 맺고 있다는 점이다. 공공 영역에서는 과학적 지식의 교환활동이 무상으로 이루어지는 데 비해 수집과 검색의 결과를 이용하려는 상업적 이해집단들은 지적 재산권에 의해 보호되는 생산물을 개발하여 독점적으로 소유하고자 하기 때문에, 생물 다양성 탐사에 관한 협약에는 권리의 비대칭성(asymmetry)이 존재한다.

또 한편으로, 지역 공동체는 서구 기업과 협력해서 자신들의 지식을 특허 출원할 것을 요구받고 있다. 그러나 자본이 서구의 기업들로부터 나옴에 따라, 특허의 권리는 즉각 자본과 시장을 지배하는 강력한 세력에게 양도된다. 생물 다양성 영역에서의 특허를 반대하는 사회운동이 성장하고 있음에 따라, 일부 고립되어 있는 집단이나 개인들을 생명체 특허를 획득하기 위한 골드 러시에 밀어넣는 것이 점점 필수적인 일이 되고 있는 것이다.

특허라는 방식이 토착지식을 보호하는가? 토착지식을 보호한다는 것은 보건과 농업 분야에서의 일상적 활동에서 미래 세대가 지속적으로 그 지식을 이용하고 그 지식에 접근할 수 있다는 것을 의미한다. 그러나 토착적 생활양식과 경제체제가 특허를 기반으로 해서 출현한 경제조직으로 대체된다면, 토착지식은 결코 살아 있는 유산으로 보호될 수 없다. 생태위기의 근본적인 원인은 지배적인 경제체제가 자연자원의 생태적 가치 평가문제를 해결하지 못하고 실패한 데 있다는 사실을 받아들인다면, 이런 지배적인 경제체제가 팽창해 나갈수록 토착지식과 생물 다양성은 결코 보호될 수 없다는 것이 자명해질 것이다.

이제 모든 가치와 인간활동이 시장가격과 상업활동으로 환원되지 않는 대안적인 경제 패러다임으로 전환해야 한다.

생태적으로 이러한 접근법은 다양성이 지니는 가치를 그 자체로서 인정한다. 모든 생명체는 생존할 권리를 타고난다. 이 권리가 생물 종의 멸종을 막아야 하는 최우선적인 이유가 되어야 한다.

사회적 차원에서는 다양한 문화적 맥락 속에서 생물 다양성의 가치가 인정되어야 한다. 신성한 숲, 신성한 씨앗, 신성한 종이라는 관념들은 생물 다양성을 불가침의 가치를 갖는 것으로 다루기 위한 문화적 수단이었을 뿐 아니라, 우리들에게 가장 좋은 보전사례를 제공해 준다. 농민과 지역주민들의 지식체계를 원시적인 것이 아니라 미래지향적인 것으로 바라봄으로써, 생물 다양성에 대한 지역 공동체의 권리와 생물 다양성의 진화 및 보호에 대한 이들의 기여를 제대로 평가할 필요가 있다. 덧붙여 의미와 생계를 제공하는 등의 비시장가치가 시장가치보다 낮은 것으로 다루어져서는 안 된다는 것을 알아야 한다.

경제적 차원에서는, 생물 다양성 보전이 이윤보다는 생명보전에 그 목표를 두고 있다면 생물 다양성을 파괴해서 이익을 보거나 생물 다양성을 보전한다고 해서 손해를 보는 메커니즘이 존재해서는 안 된다. 생물 다양성의 틀이 이런저런 다양한 사고들이 아니라 경제적 사고로 이어진다면, 이른바 균질적이고 획일적인 체계가 가져오는 높은 생산량이라는 것은 공적 보조에 의해서 유지되는 인위적인 수치일 뿐이라는 것이 명백해진다. 따라서 생산성과 효율성은 생물 다양성을 특징짓는 다양한 투입 및 산출 체계를 반영할 수 있게 재규정되어야 할 것이다.

그리고 생물 다양성을 파괴함으로써 얻어지는 이익의 일부를 투자해서 생물 다양성을 보전한다는, 현재 널리 퍼져 있는 논리는 단지 생물 다양성 파괴에 대해 면죄부를 주는 것일 뿐이며, 생물 다양성의 보전을 삶과 생산의 기반으로 여기는 것이 아니라 전시효과를 노리는 것에 불과하다는 사실을 인식해야 한다.

생태적 지속 가능성이나 생계의 지속 가능성도, 생물 다
양성을 지배하는 세력과 관련된 문제 — 누가 생물 다양
성을 통제할 것인가 — 가 제대로 해결되지 않고서는 보
장될 수 없다. 최근까지는 지역 공동체, 특히 여성들이 생
물 다양성을 이용하고 발전시키면서 보전하여 왔다. 바로
이들이 지구 생물 다양성의 보호자였던 것이다. 생물 다양
성 보전의 토대가 더욱 강화되고 깊어져야 한다면, 이들의
관리·지식·권리가 강화되어야 한다. 또 이러한 강화는
국가적이고 국제적인 활동뿐 아니라 지역적인 활동을 통
해 이루어져야 한다.

특허 및 지적 재산권 체제가 세계화된다는 것은, 생태계
파괴를 조장하고 종의 소멸에 기여하고 있는 경제 패러다
임이 팽창하는 것이다. 지역 공동체가 이러한 패러다임 속
으로 포섭된다면, 또 다른 경제조직 형태에 가치를 제공해
주는 문화적 다양성은 결코 복구할 수 없을 정도로 파괴될
것이다.

생물자원 탐사활동을 통해 지역 공동체로부터 지식을
획득하는 것은 지적 재산권으로 보호되는 산업체계를 발
전시키기 위한 첫 걸음일 뿐이다. 이러한 산업체계는 오직
토착지식을 생산요소로 해서 만든 상품을 판매하는 것을
궁극적인 목표로 하고 있기 때문에, 윤리적·인식론적·
생태적인 지식체계라는 토대 위에 서 있지 않다. 이러한
상품의 생산자는 생물 다양성의 파편을 생물학적 생산물

을 만들기 위한 원료로 이용한다. 그리고 이러한 생산물은, 생산자들이 생산을 위하여 착취하는 생물 다양성과 토착지식을 대체하는 특허에 의해 보호받게 된다.

토착지식을 취득한 다음에는 의약분야나 농업분야에서 산업화된 생산물을 위한 공격적인 마케팅 속에서 이 같은 지식을 배제시킨다는 점에서, 형평과 보상의 문제가 체계적으로 평가되어야 한다. 즉 다음과 같은 중요한 질문들을 던져야 한다. 또 다른 생산 및 조직을 위한 자원을 서구의 것으로 대체하는 것이 올바른 것인가? 그러한 파괴에 대해 온전히 보상해 줄 수 있는가? 지구와 지구상에 사는 다양한 공동체들의 생물 다양성과 다양한 생활양식들이 문화적·생물학적으로 획일성만 양산하는 중앙집권화된 전지구적 기업문화들을 위한 원료로 착취되게끔 계속 공급될 수 있는가?

궁극적으로 분석해 볼 때, 특허제도는 자본을 통제할 능력은 없으면서 자본투자를 보호하기 위한 체계일 뿐이다. 그렇기 때문에 특허제도는 민중들뿐만 아니라 그들의 지식체계도 보호하지 못한다.

생물자원 탐사에는 공유물을 사유화하기를 원치 않는 민중과 공동체의 권리를 존중하고자 하는 어떠한 여지도 없다. 그러나 공유물이 사유화되는 것이 불가피하다는 것을 인정하기를 원치 않는 사람들에게는 생물자원 탐사에 대한 대안이 존재한다.

생물 다양성의 공유성을 회복하자

민중의 지식과 더불어, 농업과 의학에서 이용할 수 있는 생물 다양성을 지키기 위한 대중적인 생태운동이 일어나고 있다. 생물 다양성이라는 공유자산을 보호하고 회복하는 것은 일차적으로 생물체의 다양성 자체에 내재되어 있는 창조성을 인정하는 정치적이고 사회적인 운동이다. 이러한 운동은 생물 다양성의 소유와 이용에 있어서 공동소유 체제를 요구한다. 그리고 더 나아가 지적 공유 — 생물 다양성의 활용을 위한 지식이 상품화되지 않는 공공 영역 — 를 추구하게 된다.

생물 다양성이라는 공유자산의 회복을 적극적으로 주장한 최초의 대중적인 시위는 1993년 8월 15일 인도의 독립 기념일에 일어났다. 인도의 농민들은, 자신들의 지식은 사무히크 기안 사나드(Samuhik Gyan Sanad, 집단적 지적 재산권)에 의해 보호된다고 선언하였다. 농민들은, 지역 공동체의 허가 없이 지역 지식이나 자원을 이용하는 모든 기업은 지적인 해적질(intellectual biopiracy)을 하고 있는 것이라고 주장했다. 님나무에 대한 특허가 바로 이 경우에 해당하는 것이다.

인도 농민들의 이 같은 집단적 지적 재산권(collective intellectual property rights, CIR) 개념은 1993년 제3세계의 개인과 조직들이 모여 결성한 국제조직 제3세계 네트워크

(Third World Network)의 학제간 전문가 집단에 의해서
보다 발전되었다. 제3세계 네트워크가 중심이 되어 집단
적 지적 재산권에 대한 주장을 적극적으로 펼쳐나가는 과
정에서, 식물 유전자원을 보호하고 개량시키는 농민의 역
할에 중심을 두는 독자적인(sui generis) 권리체계를 규정
하는 계기가 마련되었던 것이다. 그 효과는 다양한 나라의
특수한 상황을 고려해서 재해석되어야 할 것이며, 또 그렇
게 될 때 다양한 형태의 지적 재산권 체계가 가능해질 것
이다. 그리고 이런 법률적 다양성을 통해서 제3세계 농민
사회들의 생물학적·문화적 다양성이 보호될 것이다.

CIR 체계를 포함하여 복수의 법적 체계가 가능한 이와
같은 지적 재산권의 다양성은, 서로 다른 상황에서 나타나
는 다양한 형태의 지식 창출 및 보급을 반영하는 것이다.
작물 육종자로서의 농민들의 권리를 보호하기 위한 적극
적인 체계와 마찬가지로, 토착 의료체계 분야에서도 이런
독자적인 체계를 만들어서 공동 권리를 발전시킬 수 있다.

나아가 제3세계 민중의 이해관계와 지식을 반영하는
CIR 체계와, 농촌사회에 냉담한 개인주의화되고 법률적인
신청절차를 지향하는 서구적인 편향에 의해 발전되어 온
지적 재산권, 양자의 관계가 개선되어야 할 것이다. 독자
적인 지적 재산권 체계를 설정하여 제3세계 농촌공동체
사이에서 지식과 자원의 자유로운 교환을 유지해 나가는
동시에, 이를 통해서 제3세계의 생물자원과 지식이 체계

적으로 수탈되는 것을 효과적으로 막아야 할 것이다.

CIR을 보호하기 위한 독자적인 체계는 반드시 생물민주주의(bio-democracy)를 기반으로 해야 한다. 여기서 생물민주주의란, 생물학적 유기체를 이용하는 모든 지식과 생산체계는 동등한 타당성을 갖고 있다는 믿음을 말한다. 반면 WTO의 TRIPs협약은 생물제국주의(bio-imperialism) 개념을 그 토대로 하고 있다. 다시 말해 오직 서구 기업의 지식과 생산만이 보호되어야 한다는 믿음이다. 만약 이런 생물제국주의에 아무도 도전하지 않는다면, TRIPs협약은 제3세계 민중, 특히 생물 다양성에 의존해서 생계를 꾸려나가고 또 생물 다양성 이용에 있어서 원 소유자이자 혁신가인 민중들의 지식과 자원·권리를 말살하고 그것을 대체하는 도구가 되어버릴 것이다.

합법화된 생물 해적질

WTO의 TRIPs협약은 대중과 상업적 이해관계 간에, 혹은 산업국가와 제3세계 사이에서 민주적으로 협상을 해서 나온 결과가 아니다. TRIPs협약은 서구의 초국적기업들이 일방적으로 전세계의 다양한 사회와 문화에 대한 가치와 이해관계를 설정하는 것이다.

TRIPs협약의 기본적 골격은 지적재산위원회(Intellectual

Property Committee), 게이단렌(經團連), 산업고용주연합
(Union of Industrial and Employees Confederations)이 구상
하고 만들어낸 것이다. 여기서 지적재산위원회는 브리스
틀 마이어스, 뒤퐁, 제너럴 일렉트릭, 제너럴 모터스, 휴
렛 패커드, IBM, 존슨 앤 존슨, 머크, 몬산토, 파이저, 록
웰, 워너 등 미국 12개 주요 기업의 연합체이다. 그리고
게이단렌은 일본의 경제단체연합이며, 산업고용주연합은
유럽의 기업과 산업을 대변하는 공식적인 기구로 인정받
고 있다.

초국적기업들은 TRIPs협약에 대해 투자자로서의 이해관
계를 가지고 있다. 예를 들어 파이저와 브리스틀 마이어
스, 머크 사는 로열티를 지급하지 않은 상태로 제3세계의
생물물질에 대한 특허를 이미 보유하고 있다.

따라서 앞에서 언급한 지적재산위원회·게이단렌·산
업고용주연합은 WTO에 지적 재산권의 보호장치를 도입
하기 위해 긴밀히 협력했다.

몬산토 사의 엔야트(James Enyart)는 지적재산위원회의
전략에 대해 이렇게 말한다.

우리를 만족시키는 집단이나 연합이 하나도 없었기
때문에, 우리는 새로운 협회를 설립해야만 했다. …지
적재산위원회가 설립되고 맨 처음 한 일은 미국에서 초
창기에 우리가 했던 숭고한 임무를 반복하는 것이었다.

유럽과 일본의 산업연합체와 함께 지적 재산권에 관한
규범을 제정하는 것이 가능하다는 점을 그들에게 확신
시켜야 했다. …우리는 전과정에 걸쳐 수많은 이해집단
들에게 자문을 구했다. 이것은 결코 쉬운 일이 아니었
다. 그러나 우리 3각 집단(Trilateral Group)은 선진국가
들의 법률로부터 모든 형태의 지적 재산권을 보호하기
위한 근본 원리를 추출해 낼 수 있었다. …우리의 개념
들을 적극적으로 소개할 뿐 아니라, 우리는 WTO 사무
국 직원들에게 우리의 문서를 전달하기 위해서 제네바
에 갔다. 그리고 많은 국가의 대표들이 머무르고 있는
그곳에서 우리의 문서를 발표할 기회를 가졌다. …우리
가 당신들에게 설명하고 있는 것은 결코 전례가 없었던
일이다. 산업계는 국제무역에 있어서 중대한 문제를 찾
아냈다. 해결책을 정교하게 만들어서 구체적인 안으로
정리했고, 우리 자신들과 정부에 그것을 관철시켰다. …
전세계 산업계와 무역업자들은 환자, 진단자 그리고 처
방의사의 역할을 한꺼번에 수행해 낸 것이다.(Enyart,
1990, pp. 54~56)

이와 같이 상업적 이해집단들은 무수한 사회집단들로부
터 이러한 모든 역할들을 빼앗음으로 해서, TRIPs협약의
실제 내용에서 윤리적·생태적·사회적 우려를 제거해 버
렸다. 1993년에 우루과이라운드가 타결되기 전까지는 지

적 재산권이 다루어지지 않았다. 각국은 자신들의 윤리
적 · 사회경제적 조건에 부합하는 지적 재산권 법을 가지
고 있었다.

그러나 초국적기업들은 앞장서서 지적 재산권 법을 국
제화해 나갔다. 지적 재산권은 단순히 법률적 권리임에도
불구하고, 초국적기업들은 이런 법률적 권리를 자연스러
운 권리로 탈바꿈시켜 나갔다. 그런 다음, 이들은 WTO를
이용해서 자신들을 지적 재산의 소유자로서 규정한 '권리'
를 방어하고 있다. 지적재산위원회와 게이단렌, 산업고용
주연합이 공동으로 작성하여 발표한 1988년 산업 보고서
「지적 재산에 관한 GATT 조항의 기본 틀(Basic Framework
for GATT Provisions on Intellectual Property)」을 보면 다음
과 같이 씌어 있다.

국가마다 지적 재산 보호체계가 다름으로 해서, 지적
재산권 소유자는 자신의 권리를 추구하고 지키기 위해
서 불필요한 시간과 재원을 낭비한다. 또한 시장접근을
제한하거나 이윤의 본국 송환을 가로막는 법과 규제로
인해서 소유자들의 지적 재산권 행사가 방해받고 있
다.[4]

---

4) "Basic Framework for GATT Provisions on Intellectual Property,"
statement of views of the European, Japanese, and U. S. business
Communities, June 1998.

이 1988년 산업 보고서를 살펴보면, 특허 수정의안의 바람직하지 못한 모든 요소들을 찾아낼 수 있다. 즉 특허 및 의무적 허가 취득에 필요한 요건들은 축소하면서, 생산물 특허의 기간과 대상, 범위는 확대하려는 것이다. 1970년 인도 특허법은 제약과 농화학 분야의 생산물 특허를 인정하지 않았지만, 1995년에 인도 정부가 WTO의 TRIPs협약을 이행하기 위해 도입하려다가 결국 거부당한 특허 수정의안에서는 생산 특허 출원과 배타적 판매권을 허용하고 있다. 생산물 특허를 관철시키기 위한 압력은 앞의 「지적 재산에 관한 GATT 조항의 기본 틀」에서도 명료하게 드러나고 있다.

일부 국가들은 기계 혹은 전기 설비에 대한 특허권의 보호는 인정하면서도, 신물질에 대해서 특허권을 보호하는 것은 부정하고 있다. 예를 들어 화학·제약·농화학 산업의 경우, 어떤 국가들은 생산물을 제조하는 특정 공정에 대해서만 특허를 인정하고 있는 데 비해, 또 어떤 국가들은 그 공정을 통해서 만들어진 생산물에 대해서도 특허를 부여하고 있다(공정에 의한 생산물 보호). 그러나 화학물질은 거의 언제나 여러 가지 방법으로 제조가 가능하며, 따라서 그 물질을 만들 수 있는 모든 공정에 대해서 특허를 낸다는 것은 사실상 불가능하다. 발명이란 가치 있는 새로운 화학물질에 존재하는 것이기 때문에, 공정에 대한 특허는 오히려 다른 경쟁 (화학)기업이 비교적 수월한 노력을 들여서 다른 공정으로 기존의 화학물질을 모방하여 제조하는 것을 용인하게 된다.[5]

이와 비슷하게, 인도 특허법은 식품 및 의약품에 대한 대중의 기본적 권리가 이윤동기에 의해 무시되지 않도록 하기 위하여 강력한 의무적 허가 조항을 가지고 있다. 그러나 초국적기업들은 공공의 이해관계를 보호하는 것을 차별로 인식한다. 이들은 다음과 같이 말한다.

배타적인 권리를 인정하는 것은 특허제도가 실효성을 가지는 데 있어서 필수적인 요소이다. 그러나 일부 국가는 특정 분야에서의 특허를 제3자의 요구에 의해 의무적으로 허가를 받도록 명시하고 있다. 바로 음식, 의약품 및 농화학 물질이 이런 형태의 차별의 표적이 되고 있다. 이것은 특허 소유자의 권리를 부당하게 침해하는 행위이다.[6]

초국적기업의 시각에 볼 때, 배타적 판매권과 독점으로 인해서 기본적 필요를 충족할 수 있는 시민들의 기본적인

---

5) 같은 곳.
6) 같은 곳.

인권이 침해받는 것은 전혀 중요한 일이 아니다. 이들은
특허를 검토할 때 필요한 요건들과 의무적 허가 같은, 지
적 재산권 체계 속에 포함되어 있는 모든 공공의 이해관계
를 남용(abuse)이라고 규정한다. 이들에게는 상업적 현실
만이 유일한 관심사이다. 사회적·경제적 요청과 윤리적
제약은 시장의 확대를 가로막는 장애물일 따름이다.

초국적기업의 일방적인 영향 아래서 생명체가 특허 가
능한 대상으로 포함되고 있다. 지적재산위원회에 소속되
어 있는 기업들은 대부분 화학·제약·농화학·생명공학
분야에 이해관계를 가지고 있기 때문에, 특허보호제도에
생물학적 유기체를 포함할 것을 요구해 왔다. 「지적 재산
에 관한 GATT 조약의 기본 틀」에서 그들은 이렇게 말하
고 있다.

생명공학, 즉 생산물을 만들어내기 위해서 미생물을
이용하는 기술은 보건, 농업, 폐기물 처리 등의 산업에
서 급격한 발전을 거듭하고 있으면서도 그에 대한 특허
보호가 이루어지지 못하고 있는 대표적인 분야이다. 생
명공학에 의한 생산물에는 유전자, 하이브리도마[7], 단
(單) 클론 항체, 효소, 화학물질, 미생물 및 식물을 만
들어내기 위한 기본 단위도 포함된다. 생명공학이 폭넓

---

7) 암세포와 정상세포를 융합하여 만든 잡종세포. 단(單) 클론 항체를 산
출함. ─옮긴이

은 관심을 모으고 있음에도 불구하고, 많은 국가들은 관련 연구개발에 대한 투자를 정당화하는 데 필요한 효과적인 특허보호제도를 수립하는 것을 보류하고 있다. 이러한 보호제도는 생명공학 공정과, 미생물 및 미생물의 일부(플라스미드와 다른 벡터) 및 식물체를 포함한 생산물에 모두 적용되어야 한다.[8]

생명에 대한 특허 부여가 가능한가라는 문제는 단순히 무역과 관련된 문제가 아니다. 이것은 무엇보다도 생물 해적질이 불러일으키는 사회적 부정과 밀접히 관련되어 있는 윤리적이고 생태적인 문제이다. 만약 TRIPs 협약이 시행된다면, 생물 다양성의 보전뿐만 아니라 환경문제에 대해서도 엄청난 영향을 미치게 될 것이다.

---

8) 같은 곳.

제5장
생명의 소유, 그 폐해

단작의 확산
화학적 오염의 심화
새로운 형태의 생물학적 오염
훼손되는 보전윤리
소외되는 지역적 권리

제5장

생명의 소유, 그 폐해

다양성은 지속 가능성(sustainability)의 핵심이다. 이것은 상호성과 호혜성의 근본이며, 즉 모든 종들이 행복할 권리, 고통으로부터 해방될 권리를 인식하는 데서 비롯되는 '되돌려주기의 법칙(law of return)'이다. 그러나 해방과 다양성에 기초한 되돌려주기의 법칙은 투자에 대한 수익의 논리(logic of return)로 대체되고 있다. 유전공학은 전 세계 생물 다양성을 희생양으로 삼아서 단작과 독점을 확대시켜 나감으로써 생태학적 위기를 심화시키고 있다.

생명체에 대한 독점적인 통제를 인정하고 있는 WTO의 TRIPs협약은 생물 다양성 보전과 환경에 심각한 결과를 가져올 것이다. TRIPs협약 제27조 5절 3(b)항에는 다음과 같이 명시되어 있다.

　당사국들은 식물과 동물 그리고 식물과 동물의 생산을 위해 본질적으로 생물학적인 방법을 특허의 대상에서 제외할 수 있다. 그러나 미생물이나 비생물학적인 방법, 미생물학적 방법은 특허에 의해 보호를 받아야 한다. 식물 신품종의 경우에는, 각국은 특허법 또는 '효과적인 개별체계(sui generis system)'를 통해서 보호해야 한다. 이 조항은 세계무역기구(WTO)를 설립하는 조약이 발효되는 4년 후에 재검토될 것이다.[1]

TRIPs협약이 생태계에 미칠 가장 심각한 영향은, 특허를 받은 유전자 조작 생물체(genetically engineered organism, GEO)가 상업적으로 방출됨으로 해서 나타날 종(種)간 상호작용이 발생시킬 수 있는 생태변화와 관련된 것이다. 또

---

1) WTO TRIPs협약의 이 조항은 제3세계 국가 및 생명 특허를 반대하는 사회운동으로부터 계속적으로 비판을 받고 있다. 특히 1999년 11월 30일 시애틀에서 개최된 뉴라운드(New Round)에 대비해서 아프리카 국가들은 공동의 요구안을 제출하였는데, 공동 요구안에서 이 조항을 지적하면서 식물, 동물 및 미생물에 특허를 부여해서는 안 된다고 주장하고 있다. 또한 식물 신품종을 보호하기 위한 '효과적인 개별 체계(sui generis system)'는 토착민과 농민 공동체의 지적 재산권을 보호할 수 있는 장치를 포함해야 하며, TRIPs협약이 생물다양성협약과 FAO의 식물유전자 자원에 관한 국제규약에 위배되지 않아야 한다고 주장하고 있다. 이에 관해서는 'http://www.twnside.org.sg/souths/twn/title/273bst-cn.htm' 참조. ─옮긴이

TRIPs협약은 생물 다양성에 대한 권리에도 영향을 미치는데, 이것은 보전에 대한 사회·문화적 상황에 변화를 가져올 것이다. 이상과 같이 TRIPs협약이 불러일으킬 영향은 다음 몇 가지로 정리할 수 있다.

첫째, 지적 재산권을 보유한 기업이 시장점유율을 높여서 투자 수익을 극대화해 나가고자 함에 따라 단작이 확산되어 나갈 것이다.

둘째, 생명기술의 특허권이 제초제와 살충제 내성을 갖는 유전자 조작 농산물의 생산을 촉진할 경우 화학적 오염이 증가할 것이다.

셋째, 특허를 받은 유전자 조작 생물체가 환경에 방출될 경우 생물학적 오염의 위험이 발생할 수 있다.

넷째, 종이 갖는 본래의 가치가 지적 재산권에 관련된 도구적 가치로 대체될 경우, 보전윤리의 훼손 문제가 발생할 수 있다.

다섯째, 생물 다양성에 대해 지역 공동체가 갖는 전통적 권리가 훼손되고, 그에 따라 생물 다양성의 보전 능력이 약화되어 나갈 것이다.

단작(monoculture)의 확산

생물 다양성을 보전하기 위해서는 현지의 다양한 종들

을 이용하는 다양한 농업과 의학 체계를 갖춘 다양한 공동체가 존재해야 한다. 경제적 분산화와 다양화는 생물 다양성 보전의 필요조건이다.

그러나 초국적기업들이 지배하는 전지구적인 경제체제는 TRIPs협약을 더욱더 공고히 하면서, 획일성의 확산과 다양성의 파괴를 위한 조건들을 창출해 내고 있다.

다양한 농작물 품종들은 여러 다른 환경조건과 문화적 필요에 따라 발전되어 왔다. 그러한 종자들의 유전적 다양성은 해충, 질병 그리고 환경으로부터 받는 스트레스에 대해 일종의 보험 역할을 한다. 이와 같은 회복력은 혼합경작 같은 전통적인 농업에 의해 향상될 수 있는 것이다.

식물 또는 동물에 대한 지적 재산권을 보유한 기업들은 투자에 대한 수익을 극대화해야 할 필요가 있으며, 바로 이러한 필요성은 시장점유율을 극대화해야 한다는 압력으로 작용한다. 이렇게 해서 동일한 작물이나 가축 품종이 전세계적으로 널리 퍼져나가면서, 수백 종의 토착 곡물품종과 가축품종들을 밀어내고 대신 자리를 차지한다. 단작의 확산과 다양성의 파괴는 지적 재산권에 의해 보호받고 있는 세계화된 시장이 갖는 필연적인 양상이다.

그러나 단작은 생태적으로 불안정하며 질병과 해충의 원인이 된다. 예를 들어 1970~71년에 미국에서는 옥수수마름병(corn blight epidemic)이 유행하여 전체 작물의 15%가 폐기처분되었는데, 이것은 유전적 획일성 때문이었다.

1970년 미국에서 심은 잡종 옥수수(hybrid corn)의 80%는 단일한 불임성 남계(男系, male line)로부터 얻어졌고 또 여기에는 T세포질(T. cytoplasm)이 포함되어 있었다. 그런 데 이 T세포질이 옥수수를 옥수수마름병 곰팡이인 H. maydis에 취약하게 만들었다. 옥수수마름병 곰팡이 때문에 미국 전역의 옥수수밭은 잎이 시들고 줄기가 부러지고 옥수수는 비틀어지고 완전히 썩어 속을 보이면서 황폐화되었다. 식물 육종자들과 종자회사들은 오직 단기간에 높은 이윤을 올릴 수 있다는 이유 한 가지로 T세포질을 잡종 옥수수 종자에 사용했던 것이다. 아이오와 대학교의 한 병리학자는 옥수수마름병이 휩쓸고 간 이후에 이렇게 썼다. "이렇게 넓고 동질한 지역은 불붙이기를 기다리는 연약한 초원과도 같은 것이다."(Doyle, 1985, p. 256)

1972년 국립과학아카데미(National Academy of Sciences)는 주요 곡물의 유전적 취약성에 관한 연구 결과를 발표하면서 이렇게 말했다.

어떤 의미에서는 일란성 쌍둥이처럼 똑같은 미국 옥수수를 고안해 온 기술 혁신 때문에 옥수수는 전염병의 희생양이 되었다. 한 식물을 취약하게 만드는 것은 어떤 것이든 그들 모두를 취약하게 만들 수 있다.(같은 곳)

지금까지 농업에서 산출량이 높은 종자들의 단작이 확

산되고 또 삼림에서 고성장 종들의 단작이 확대되는 것은 생산성의 증대를 근거로 해서 정당화되어 왔다. 그리고 지적 재산권과 특허에 의한 독점을 인정하는 것을 포함한 생물 다양성의 기술적인 변환은 개량과 경제적 가치의 증가라는 말로 정당화되고 있다.

그러나 이러한 용어들은 결코 가치 중립적인 용어가 아니다. 이것들은 나름의 맥락을 가지며 가치가 내재되어 있다. 예를 들어 펄프를 원료로 사용하는 제지회사와, 사료와 무공해 퇴비가 필요한 농민들에게 있어서 나무 종의 개량은 서로 다른 의미를 갖는다. 곡물의 종을 개량한다는 것이, 가공산업에 주는 의미와 자급자족 생활을 하는 농민들에게 던지는 의미는 완전히 다른 것이다. 세계 최대의 곡물 무역회사이자 역시 세계에서 네번째로 큰 종자회사인 카길(Cargill) 사는 곡물 품종 개량은 농민들에게 이로울 것이기 때문에 사회적으로 필요하다고 주장하면서, 자신의 투자를 보호하기 위하여 지적 재산권을 줄기차게 요구해 왔다.

그러나 인도 카나타카(Karnataka)의 농민들은 카길의 주장과 정반대의 경험을 겪어야 했다. 카길 사가 인도의 종자시장에 처음 진입한 1992년에, 카길의 해바라기 씨앗은 완전한 실패작으로 끝났다. 이 해바라기 씨앗은 약속했던 에이커당 1500kg에 전혀 못 미치는 에이커당 500kg을 수확했을 뿐이었다.

이와 마찬가지로, 카길 사의 잡종 사탕수수는 투입물의 구매가격이 훨씬 더 높았기 때문에 결과적으로 농민들의 소득은 감소되었다. '과학·기술·천연자원 정책을 위한 연구기금(The Research Foundation for Science, Technology, and Natural Resource Policy)'의 조사에 따르면, 1993년 인도의 카나타카 농민들이 카길 사의 잡종 사탕수수를 생산하는 데 지출한 비용은 에이커당 3230루피이고, 수입은 에이커당 3600루피였다. 반면 농민들이 토종 종자를 사용했을 때는 생산비용이 에이커당 300루피, 수입은 에이커당 3200루피였다. 잡종 종자를 심었을 때의 순수입은 에이커당 단불과 370루피밖에 안 되지만, 토종 종자의 경우는 에이커당 2900루피의 순수입을 올릴 수 있었다.

심각한 화학적 오염

TRIPs협약이 보장하고 있는 특허권 보호는 생명공학적인 조작을 촉진하고 유전자 조작 생물체의 방출을 가속화할 것이다. 화학약품이 전혀 사용되지 않은 '깨끗한(green)' 농업이라는 이미지를 부각시키면서 유전공학의 상업적 매력을 광고하고 있지만, 실제로 농업부문에 응용된 대부분의 생명공학은 농화학 물질의 사용 증대에 초점을 맞추고 있다. 이러한 응용이 가져다주는 악영향은 제3

세계에서 특히 두드러지게 나타나는데, 그것은 제3세계의 경우 토착 생물의 다양성이 클 뿐 아니라 제3세계 주민들이 상대적으로 생물 다양성에 더 많이 의존해서 생계를 이어나가고 있기 때문이다.

농업분야의 생명공학 연구와 혁신은 대부분 시바가이기(Ciba-Geigy), ICI, 몬산토 그리고 회스트(Hoechst) 같은 다국적 화학기업들에 의해 이루어지고 있다. 이 기업들의 당면 전략은 살충제와 제초제에 저항성을 갖는 작물들을 개발함으로써 살충제와 제초제의 사용을 증가시키는 것이다. 실질적으로 거의 모든 주요 식량 작물들을 대상으로 제초제 저항성을 증대시키기 위한 연구를 추진하고 있는 기업만 해도 27개나 된다. 이와 같은 연구는 종자·화학기업에게 있어서 상업적인 의미를 가지는 것이다. 왜냐하면 화학약품을 식물에 적합하게 하는 것보다 식물을 화학약품에 적합하게 하는 것이 비용이 훨씬 덜 들기 때문이다. 새로운 작물을 개발하는 비용은 기껏해야 200만 달러 정도이지만, 새로운 제초제를 개발하는 비용은 4천만 달러를 넘는다.

또 제초제와 살충제 저항성은 종자회사와 화학약품 회사의 통합을 증가시키며, 그에 따라 다국적기업에 의한 농업의 통제 또한 증대된다. 주요 농화학 기업들 상당수가 자사가 제조한 제초제에 대해 저항성을 갖는 식물을 개발하고 있다. 콩은 시바가이기 사의 제초제 아트라진(Atrazine)

에 대해 저항성을 갖도록 만들어졌고, 그 결과 이 콩의 연간 판매량이 1억 2천만 달러나 증가했다. 뒤퐁 사의 기스트(Gist)와 글린(Glean) 그리고 몬산토 사의 라운드업(Round- Up) 같은 제초제에 대한 저항성을 갖는 곡물을 개발하는 연구는 이미 완료되었는데, 이 회사들의 제초제는 대부분의 초본식물들에 치명적이어서 농작물에 직접 사용할 수 없다. 이런 특정 제초제에 대해 저항성을 갖는 농작물의 성공적인 개발과 판매는 농산물 시장에서의 경제적 집중을 심화시키고 초국적기업의 영향력을 증대시킬 것이다.

덴마크 환경부는 제초제 저항성 농작물이 가져올 환경 위험 평가에 대하여 다음과 같이 언급하고 있다.

다음의 사례는 다른 농작물에게는 잡초이지만 야생종과는 밀접한 관계가 있는 식물과 관련된 것이다. 아래에 서술되어 있듯이, 평지(rape)와 그 관련 종들 간의 유전자 교환이 발생할 수도 있다. 내성이 확산되고, 특히 내성이 결합되었기 때문에 제초제를 웬만큼 사용해서는 평지를 근절하기 어렵게 되었으며, 평지 자체가 잡초로 출현할 것인데 이는 다른 곡물들 사이에서 통제되기 어려운 것이다. 제초제의 사용 양상도 변화할 것이다. 이런 특수한 경우에는, 저항성은 또한 제초제(바스타 Basta)에도 도입되어 왔는데, 이 제초제는 중요한 모든 잡초 종들에 대해 실질적인 효과를 갖는 것이 특징이다. 따라서 저항성 유전자가 잡초로 전파되면, 이 제초제에 대한 저항성이 점진적으로 확장될 것이고, 따라서 제초제가 더 많이 그리고 보다 널리 사용되리라는 것을 예상할 수 있다.

새로운 형태의 생물학적 오염

제초제 저항성 품종의 개발이라는 전략은 유익한 식물 종들을 절멸시키면서 슈퍼잡초를 만드는 결과를 초래하였다. 특히 열대지방에서는 잡초와 농작물이 상호 밀접한 관계를 맺고 있다. 열대지방의 잡초들과 농작물은 수세기 동안 유전적으로 상호 작용해 왔으며, 자유롭게 서로 교잡되면서 새로운 변종들이 생겨났다. 따라서 유전공학자들에 의해 농작물에 도입된, 제초제 저항성과 해충 저항성, 스트레스 저항성을 갖고 있는 유전자 역시 자연 교잡의 결과 주변 잡초들에 전파될 것이다(Wheale and McNally, 1988, p. 172). 이것은 역으로 화학약품의 사용을 증가시키면서, 모든 관련 환경에 위협적인 요소가 될 것이다.

제3세계는 전세계 대부분의 생물 다양성 보고(寶庫)이기 때문에, 관련 야생 종에 대한 유전자 전파의 위험이 더욱더 크다. 미국과학아카데미 안내서인『유전자 조작 생물체의 환경방출 실험(*The Field Testing Genetically Modified Organisms*)』에서는 다음과 같이 언급하고 있다.

온화한 북아메리카 지역, 특히 미국에는 미국이 원산지인 곡물이 거의 없기 때문에, 미국 농업은 매우 많은 부분을 외래 곡물에 의존하고 있다. 북아메리카 지역이 원산지인 곡물이 적다는 것은, 미국에서 곡물과 야생식물 간의 교잡의 기회가 상대적으로 매우 낮다는 것을 의미한다. 그렇기 때문에 유전자 조작된 곡물과 야생식물 간의 교잡의 기회도 소아시아나 동남아시아, 인도 대륙, 라틴아메리카에서보다 적을 것이다. 따라서 이와 같이 그 밖의 지역들에서 유전자 조작된 곡물을 도입할 때에는 신중하게 고려할 필요가 있다.(U. S. Academy of Sciences, 1989)

유전자 조작된 생명체는 또한 생물학적 오염을 일으킬 위험이 있다. 윌스(Peter Wills) 박사는 이렇게 말한다.

DNA의 유전계통도(phytogenetic tree)를 종(種)간 네트워크로 바꾸는 것은, 예측할 수 없는 심각한 결과를 가져올 것이다.

또 최근의 연구에 따르면, 유전자 조작된 특성을 관련

종에게 대규모로 전이시키는 것이 실제로 가능하다는 사실이 밝혀지고 있다.

뿐만 아니라 생물학적 오염은 유전자 조작이 되지 않은 종이 생태계에 도입될 때에도 발생할 수 있다. 예를 들어 1970년에 플로리다에 있는 에피 호수에 블루 틸라피아 (Blue Tilapia)가 도입되었다. 처음에는 호수에 사는 전체 물고기의 1%도 채 되지 않던 이 블루 틸라피아는 1974년에 이르러서 다른 종들을 지배하면서 전체 생물량의 90%를 차지하게 되었다.

또 한 가지 예로는 나일농어(Nile perch)를 들 수 있다. 50년대 후반에 영국은 물고기의 생산량을 증가시키기 위해 동아프리카의 빅토리아 호수(Lake Victoria)에 나일농어를 풀어놓았다. 당시 빅토리아 호수에 살고 있던 토착종들은 크기가 작고 다양하며, 한 개체당 무게가 1파운드(1파운드는 약 453.6g) 가량 되는 400종의 단색어류(haplochromines)로 구성되어 있었다. 그리고 이 토착종들이 차지하는 비중은 호수 전체 생물량의 80%나 되었다. 이에 비해 나일농어는 길이가 6인치, 무게가 150파운드까지 자랄 수 있는 육식성 어류이다.

그후 20년 동안은 아무 일도 일어나지 않았다. 그러나 80년대 초반 들어서 나일농어는 빅토리아 호수를 장악하였다. 1980년 이전에는 빅토리아 호수에서의 전체 어획량의 약 1%밖에 되지 않던 나일농어의 어획량이 1985년 무렵에는 60%까지 증가하였다. 그리고 호수의 어류 생물량 구성비도 단색어류 80%에서 나일농어 80%로 바뀌었다. 현재 빅토리아 호수의 어류 생물량에서 단색어류가 차지하는 비중은 전체 생물량의 1%도 채 되지 않는다. 과학자들은 빅토리아 호수에 원래 살고 있던 400여 종의 단색어류 가운데 절반 가량이 멸종된 것으로 추정하고 있다.

더구나 최근 들어서 나일농어의 어획량이 감소하는 현상이 발생했다. 잡힌 물고기들은 대부분 같은 종들이었으며, 그 물고기들의 위 속에는 새끼나일농어들이 들어 있었다. 어떤 종이 자신의 새끼들을 잡아먹기 시작했다는 것은, 생태계 불안정성과 그 결과 나타나는 먹이 사슬의 파괴가 일어나고 있다는 신호이다.

마지막으로, 캐나다 마니토바(Manitoba) 주 플레세드 호수(Flathead Lake)에 주머니쥐 새우(opossum shrimp)를 도입한 사례를 들 수 있다. 플레세드 호수에 살고 있는 캐코니 연어(kakonee salmon)의 생산량을 높이기 위해 주머니쥐 새우를 도입했으나, 그 결과는 역효과를 가져온 것으로 나타났다. 그후 플레세드 호수에서 캐코니 연어의 양이 실제로 감소했을 뿐 아니라, 주머니쥐 새우는 연어의 중요한 먹이 원천인 동물성 플랑크톤의 탐욕스런 약탈자인 것으로 밝혀졌던 것이다. 이 호수에 주머니쥐 새우를 도입한 이후, 동물성 플랑크톤의 수는 그전 수준의 약 10%로 줄어들었다. 그리고 연어의 산란은 11만 8천 개체에서 1986

년 2만 6천 개체, 1987년 330개체, 1989년에는 50개체로 감소하였다. 어획량은 1985년에 10만 개체를 넘었으나 1987년에는 600개체, 그리고 1988년과 1989년에는 0의 상태가 되었다.

자연상태에서 자체 개체수를 유지하는 유전자 조작 생물체에 대해서는 그것이 다른 생물체에 미치는 영향이 평가되어야 한다. 그런데 환원주의적인 분자생물학은 이런 영향을 평가하는 데 적합하지 않다. 왜냐하면 분자생물학은 각각의 종들이 어떤 유전적 구성을 가지고 있는지를 기준으로 분류하지만, 생태학적 영향은 유전자 사이의 상호작용, 여러 다른 생명체에서의 단백질 합성, 환경의 성격과 크기에 의해 결정되기 때문이다.

주종(host species)과 다른 생명체 사이의 자연적 상호관계, 또 이것이 생태계 과정 속에서 가지는 역학, 형질 전환 생물체(transgenic organism)에 의해 나타날 수 있는 차이가 가져올 관련 결과 등에 관해 생태학적 의문이 제기되어야 한다. 환경 속으로 방출된 형질 전환된 어류는 질병이나 기생충, 포식자 같은 개체수 조절요인들에 저항할 수도 있다. 또 이것들은 그 자신의 형질 전환 유전자를 관련 종으로 전달시키며 포식자-피식자 관계의 성질을 변화시킬 수도 있다(Kapuscinski and Hallerman, 1991, pp. 99~107).

유전자 조작 생물체가 단기간에는 환경에 거의 아무런 영향을 미치지 않는다 하더라도, 이것이 생물 안전성

(biosafety) 문제에 관해 안심할 수 있는 이유가 되지는 않는다. 사실 대부분의 유전자 조작 생물체들은 생태계를 위협하지 않을 수도 있다. 그러나 그 가운데 극소수의 종들이, 특별히 오랜 기간에 걸쳐 생물학적 오염이라는 심각한 위협을 가한다는 점을 명심해야 할 것이다.

훼손되는 보전윤리

생명체에 대한 지적 재산권은 다른 종들을 도구적으로 보는 시각의 극단적인 표현인 데 비해, 보전윤리는 다른 종들을 본질적인 가치를 가진 대상으로 본다. 다른 종들의 본질적 가치를 인정한다는 것은 곧 인류에게 유기체들을 생명이 없고 가치가 없고 구조가 없는 대상으로서 이용해서는 안 된다는 의무와 책임을 부여하는 것이기도 하다. 그런데 여러 종들의 본질적 가치가 지적 재산권에서 주장하는 도구적 가치로 대체되면, 생물 다양성 보전과 다른 종들에 대한 동정심의 윤리적 기반이 훼손된다.

이런 다른 종들에 대한 동정심은 불교·자이나교·힌두교 같은 고대종교뿐만 아니라, 현재 영국에서 일어나고 있는 살아 있는 송아지의 수출과 사냥에 대한 반대와 같은 새로운 운동의 토대를 이루고 있다. 고대종교와 영국에서의 새로운 운동은 모두 종(種)이 지니는 본질적인 가치에 대한 믿음을 강화시켜 준다.

TRIPs협약 제2조는 윤리적·생태적 관점에 근거해서 생명체에 대한 특허권의 배제를 인정하고 있다. 그러나 이러한 윤리적인 이슈에 관심이 있는 대부분의 집단들은 무역관련 조항들이 자신들의 근본적인 윤리적 원칙에 대해 어떤 함의를 가질 수 있는지조차 알지 못한다. 따라서 TRIPs협약이 발효되기 전에 이런 무역관련 조항들이 생명체에 대해 갖는 함의가 공식화되고, 다양한 집단들의 견해를 수렴하는 것을 의무화해야 한다.

생명공학 산업의 대변인이자 유전자 조작된 양인 트레이시의 '제작자'이기도 한 제임스(Ron James)는, 특허는 윤리적인 문제가 아니라고 항변한다. 왜냐하면 특허가 어떤 일을 할 수 있는 권리를 부여하는 것이 아니기 때문이라고 말한다. 윤리적 측면에서 볼 때 특허는 중립적이며, 다만 특허는 기술적 혁신의 당사자를 제외한 다른 사람들이 그것을 무단으로 이용하는 것을 배제할 뿐이라는 것이다. 그러나 이러한 윤리적 회피는, 지적 재산권이 지적 재산에 대한 권리이며 특허는 이러한 권리를 기반으로 해서 특허 소유자들이 생산품을 만들 수 있는 배타적인 권리를 부여한다는 사실은 지적하지 않고 있다. 본질적으로 특허는 무엇인가를 새롭게 만든다는 것을 근거로 해서 주장되는 권리인 것이다.

확실히 생명체를 소유한다는 생각은 새로운 것은 아니

다. 사람들은 애완동물을 소유하고 농민들은 가축을 소유한다. 그러나 지적 재산권은 소유에 대한 새로운 개념을 창조한다. 즉 지적 재산권은 단순히 지적인 재산으로서 이식된 유전자 또는 한 세대의 동물들에 대해서만 주장되는 것이 아니라, 생명체 전체의 재생산, 특히 그 특허기간에 생겨나는 미래 세대들까지도 포함하고 있다.

소외되는 지역적 권리

생물 다양성의 보전은 지역 공동체가 자신들의 노력의 결실을 향유하는 권리를 가지는가 그렇지 못한가에 달려 있다. 지역 공동체가 이와 같은 권리로부터 소외될 때, 생물 다양성은 급속히 훼손되며 그 결과 생태계의 생존과 경제적 풍요까지 위협당하게 된다. 생물 다양성과 생명체 영역에서의 지적 재산권은 단순히 새로운 권리의 창조를 의미하는 것이 아니다. 이 지적 재산권은 생물 다양성의 수호자로서의 역할을 하게 했던 지역 공동체의 전통적 권리를 생물 다양성의 공급·이용과 관련된 이해관계에 의해 새롭게 규정한다는 것을 의미한다. 종자, 식물, 토착적 지식체계에 대한 지적 재산권은 지역 공동체의 권리를 소외시키며, 지역 공동체가 생물 다양성의 보전으로부터 얻을 수 있는 몫을 잠식한다.

예를 들어 식민지 시대의 인도에서 마을의 산림들이 식민지 통치국인 영국에 의해 사유화되었을 때, 그 지역 주민들은 전통적으로 인정되어 오던 산림자원에 대한 권리를 거부당했다. 하지만 식민지의 산림정책은 대량 벌채를 허가하는 것이었기 때문에, 흔히 지역 주민들은 산림을 황폐화시켰다는 비난을 받아야 했다. 팬트(G. B. Pant)는 이렇게 말하고 있다.

산간지역 사람들이 산림을 마구 벌채한다는 이야기는, 권력자들이 사시장철 지겹도록 되풀이함에 따라 마치 사실인 양 받아들여지게 되었다. 산림정책을 옹호하기 위해, 권력자들의 변호인들은, 영국 식민지 이전의 시대에는 사람들이 토양이나 산림에 대해 그 어떤 권리도 소유하지 않았다고 주장한다.

산림부의 정책은 이른바 침입과 개발이라는 두 단어로 요약될 수 있다. 정부는 일을 계속 추진하면서, 자신의 범위와 영역을 넓혀나가는 한편으로 토착민들의 권리 영역을 좁혀나갔다. … 〔1880년에 경계선이 만들어지지 전까지의〕 산 아시(San assi) 영역은 이 지역에 사는 모든 사람들에게 푸르고 생명력 넘치는 곳으로 기억되었으며, 그들은 경건함에 가까운 감정으로 이곳을 소중히 여겼다. 이곳에 사는 사람들은 자신들이 거주하고 있는 지역 내에 있는, 미등록 〔재산 기록상 표시되지

않은] 토지에 대한 정부의 요구를 자신들의 방식으로
는 도저히 받아들일 수 없었다. 그들에게는 이런 미등록
토지에 경계선이 그어지는 것이 침범과 침입으로밖에
여겨지지 않았다. 산 아시 영역이 단지 명목상으로 간주
되는 것이 아니라 진정한 특성을 가진 실체로 평가되도
록 하자. 그리고 주민들의 불안감을 해소하기 위해 이
영역 내의 지역을 그들의 재산으로 공표하도록 하자. 또
한 이 지역들에 포함된 모든 미등록 토지들을, 공공의
이익에 도움이 될 수 있도록 공평함 등의 조건들을 준수
하는 주민 공동체에게 되돌려주자. 1906년경에 이 지역
에 사는 주민들이 정부에 산 아시 영역 내에 있는 지역
들을 거주민들에게 돌려달라는 탄원서를 수없이 많이
제출했다는 것은 누구나 알고 있는 사실이다. 이곳의 순
박한 주민들은 오늘날까지도 자발적으로 그때와 똑같은
요구를 되풀이하고 있다. 이것은 민중의 최소한의 요구
였고, 지금도 그렇다. 그 밖의 다른 이성적인 최종적 해
결책은 없는 것 같다. 사람과 산림이 이 지구상에서 다
른 어떤 것보다 귀중하다는 것, 강요가 이성을 대체할
수 없다는 것, 아무리 법이 엄격하고 완고하더라도 산림
은 누구나 동의할 만한 소망과 감정들에 반하는, 끓어오
르는 불만족의 상태에서는 보전될 수 없다는 간단한 사
실을 잊어서는 안 된다. …사람들의 집단적인 지능은
결코 모욕적으로 다루어져서는 안 된다. 심지어 그것이

제5장 생명의 소유, 그 폐해

옳지 않을지라도, 그 실수를 인정할 수 있는 기회가 제
공될 때 비로소 그것은 올바른 방향으로 나아갈 수 있
다. 만약 주민들이 마을의 산림들을 되찾을 수 있다면,
그때 비로소 산림정책과 주민들 사이의 적대감에 의한
충돌의 원인이 밝혀짐으로써 현재의 불신은 해소될 것
이며 주민들은 설령 어떤 희생과 물리적인 불편이 따른
다 할지라도 산림을 보호하기 시작할 것이다.(Pant, 1922,
p.75)

이와 같은 지역적 권리의 소외는 30년대 산림 사티아그
라하(Forest Satyagraha)의 근본 원인이 되었다. 산림 사티
아그라하는 히말라야와 인도 중부 지역 그리고 서부의 가
츠(Ghats) 지역을 비롯해서 나라 전체에서 끓어올랐다. 간
디(M. K. Gandhi)는 이 사티아그라하('진리를 위한 투쟁')
를 부당한 법률과 체제에 대한 평화적 불복종의 형식으로
발전시켰다. 할라파(G. S. Halappa)는 서부 가츠 지역의
정글 사티아그라하에 대해 이렇게 기록하고 있다.

정부는 사티아그라하에 참여한 외지인들과 몇몇 지역
의 지도자들을 체포하기 시작하였다. 지역 지도자들의
체포는 여성들을 각성시켜 행동에 나서게 하는 계기가
되었다. …수천 명의 마을 주민들이 몰려나와 서로 잡
혀가겠다고 하였기 때문에, 정글 사티아그라하는 무력

에 의해 제압될 수 없었다.(Halappa, 1969, p. 175)

그리고 씨앗은 특허권자나 식물 육종권자에 의해 장악되었으며, 시장의 힘이 지적 재산권 보호와 결합되면서 종자의 공급원이 농민에게서 기업으로 이동하였다. 그에 따라 육종자와 혁신자로서의 농민의 권리가 침해되었고, 농민들에게서 재배하면서 종을 보전하겠다는 동기가 사라짐에 따라 급속한 유전적 훼손이 야기되었다.

1992년 간디의 생일에, 씨앗 사티아그라하가 출범하였다. 이 씨앗 사티아그라하는 TRIPs협약을 통해서 종자와 농업 생물 다양성에 대한 농민의 권리를 소외시키고자 하는 데 저항하기 위한 것이다. '국가보전전략(National Conservation Strategy)'에 따르면, 에티오피아에서 생물 다양성이 훼손되는 주된 원인이 지역적 권리의 소외에 있음이 확인되고 있다.

환경에 대한 부정적인 영향이라는 관점에서 가장 중요한 정책적이고 규제적인 개입으로는 아마 개인 혹은 공동체들이 자신들의 자원을 스스로 이용하고 관리하는 권리를 점점 침해해 온 것을 들 수 있을 것이다. 농민과 공동체들은 자신들이 심은 나무에 대해 아무런 통제권도 가지고 있지 않았기 때문에, 그들은 나무를 전혀 심지 않았을 뿐 아니라 나무를 심으라고 강요받을 때조차도 나무들에 관심을 기울이거나 그것들을 보호하려고 하지 않았다. 이러한 방식으로 막대한 물리적 노력을 투입해서 나무를 심어놓은 많은 공동체 식림지들에서는 거의 수확을 거둘 수 없었다. (National Conservation Strategy 1994, p. 7)

농업의 생물 다양성은 농민들이 자신들의 종자에 대해 모든 통제권을 가질 때에만 비로소 보전되어 왔다. 에티오피아나 인도 그리고 그 밖의 생물 다양성이 풍부한 지역들에서 지역 공동체가 자신들의 권리로부터 소외됨으로 해서 삼림지역과 목초지가 훼손되는 현상이 나타났던 것과 마찬가지로, 육종자의 권리 혹은 특허권과 같은 종자에 대한 독점적 권리제도 역시 식물 유전자 자원의 현지 보전 (in-situ conservation)에 대해 악영향을 미칠 것이다.

제6장
다양성을 바탕으로 평화를 건설하자

제1의 세계화 물결, 식민주의
제2의 세계화 물결, '발전'
제3의 세계화 물결, '자유무역'

제6장

다양성을 바탕으로 평화를 건설하자

사회와 자연에 단일문화와 단작이 만연해 있는 '인종청소'의 현시대에, 다양성을 통한 평화 건설은 생존을 위해서 시급히 해결해야 할 과제로 인식되고 있다.

단일문화는 다양성의 파괴와 균질화(homogenization)를 그 기반으로 하고 있는 세계화(globalization)의 기본 요소이다. 원료와 시장에 대한 세계적인 지배는 필연적으로 단일문화를 만들어낸다.

다양성을 위협하는 이러한 전쟁은 전혀 새로운 것은 아니다. 다양성은, 그것이 장애물로 여겨질 때면 어김없이 위협을 받아왔다. 폭력과 전쟁은 다양성을 위협 혹은 타락, 다시 말해 무질서의 근원으로 취급하는 데서 비롯한다. 중앙집중적인 통제하에서는 결코 존재할 수 없는 다양성은, 세계화에 의해 어떤 병폐나 결함이 있는 것으로 간주된다.

균질화와 단일문화는 여러 가지 차원에서 폭력을 불러일으킨다. 단일문화는 항상 억압·통제·중앙집중화와 같은 정치적 폭력과 연관되어 있다. 중앙집중화된 통제와 강압적인 힘이 없었을 때는, 풍부한 다양성으로 가득 찬 이 세계는 균질한 구조로 변형될 수 없었거니와 단일문화는 지속성을 가질 수 없었다. 자기조직적(self-organized)이고 분산화된 공동체와 생태계는 다양성의 근원을 이루고 있다. 반면에 세계화는 강압적으로 통제되는 단일문화를 발생시킨다.

단작은 자연세계의 종의 다양성에 대한 전쟁 선포와 같은 생태적 폭력하고도 연관되어 있다. 이러한 폭력은 단작 자체를 통제·유지하기 위해 생물 종들을 멸종시킨다. 그러나 단작은 생태적 교란에 의해 쉽게 파괴되기 때문에 지속성을 가질 수 없다. 획일성은, 시스템의 한 부분에서 발생한 교란이 나머지 다른 부분의 교란으로 이어진다는 것을 암시하고 있다. 그리고 생태적 불안정성은 억제되기보다는 증가하는 경향성을 지닌다. 지속 가능성은 생태적으로 다양성과 밀접한 관계를 맺고 있는데, 왜냐하면 다양성은 생태계의 손상된 어느 부분이라도 치유할 수 있는 자기 조절 능력과 갖가지 상호작용(multiplicity)을 제공하기 때문이다.

　단작의 취약성은 농업에서 잘 드러난다. 예를 들어 녹색
혁명은 각 지역의 수천 가지나 되는 다양한 벼 품종을, 필
리핀의 국제벼연구소(International Rice Research Institute,
IRRI)에서 개발한 단일 품종으로 대체시켰다. IR-8 품종은
1966년에 파종되었는데, 1968~69년에는 박테리아성 마
름병으로 타격을 입었고, 1970~71년에는 팀그로(timgro)
바이러스로부터 공격을 받았다. 그후 1977년에는 박테리
아성 마름병과 팀그로를 포함한 여덟 가지 주요한 질병에
내성을 가지는 IR-36 품종이 재배되었다. 그러나 단작이라
는 구조하에서는 이 품종 역시 래지드 스턴트(ragged stunt)
와 윌티드 스턴트(wilted stunt) 같은 신종 바이러스의 공
격에 취약해서 타격을 입기 십상이었다(Shiva, 1991, p. 89).

　기적의 품종들은 전통적으로 재배되고 있던 다양한 농
작물들을 바꾸어놓았을 뿐 아니라, 기존 토착종의 다양성
이 소멸되면서 출현하기 시작한 새로운 종자들은 해충을
들끓게 하고 그것을 조장하는 기제가 되었다. 다양성을 갖
춘 토착종들은 그 지역의 해충과 질병에 대해 내성을 갖고
있다. 어떤 질병이 발생하더라도, 비록 일정 정도의 종은
잠식당할 수 있겠지만 그 나머지는 살아남을 수 있는 저항
력을 가지게 될 것이다.

　자연세계에서 일어나는 이러한 일들은 인간사회에서도
일어나고 있다. 다양한 사회체제에 세계적인 통합을 통한

균질화가 강요되면서, 각 지역들이 하나하나 해체되어 가고 있다. 중앙집중화된 세계적인 통합에 내재해 있는 폭력성은 그 희생자들 사이에서 또 다른 폭력을 낳는다.

일상생활의 조건이 점차 외부의 힘에 의해 통제되기 시작하고 지방정부의 시스템이 부패하면서, 오히려 사람들은 불안전한 시대에 있어서의 안전의 원천(source of their security)으로서 자신들의 다양한 정체성(identity)에 집착하게 된다. 그러나 불행하게도 이러한 불안전의 근본 원인이 명확하게 인식될 수 없을 정도로 동떨어진(지역과 무관한) 곳에 있을 때는, 함께 어울려 평화롭게 살아가던 사람들은 서로 두려움을 갖고 대하게 된다. 다양성의 표지(標識)는 이제 분열을 초래하게 된다. 그리고 나면 우리가 레바논, 인도, 스리랑카, 유고슬라비아, 수단, 로스앤젤레스, 독일, 이탈리아 그리고 프랑스에서 보았듯이, 다양성은 폭력과 전쟁을 정당화한다. 세계화의 압력으로 지방정부 및 국가 체제가 붕괴되어 나감에 따라, 지방 엘리트들은 그 반발로 일어나는 인종적 혹은 종교적 감정들을 조작하여 자신의 권력을 지키려고 안간힘을 쓴다.

다양성을 그 특징으로 하는 세계에서는 많은 사회조직들이 자기조직력을 가지고 있기 때문에, 그것들을 갈가리 찢어놓지 않고서는 세계화가 자리잡을 수 없다. 정치적이고 문화적인 수준에서, 자기조직하는 이러한 자유가 바로 간디가 서로 다른 사회와 문화들간의 상호작용의 기본이라고 보았던 자유이다. 간디는 이렇게 말했다.

　나는 세계 모든 나라의 문화가 가능한 자유롭게 흘러 다녔으면 한다. 그러나 어떠한 문화에 의해서라도 내가 끌려다니는 것을 거부한다.

세계화는 다양한 사회들간의 문화교류 작용이 아니다. 그것은 특정한 하나의 문화를 나머지 다른 모든 사회에 강요하는 것이다. 세계화는 또한 전지구적인 규모에서 생태적 균형을 찾고자 하는 시도도 아니다. 그것은 하나의 계급, 하나의 인종 혹은 하나의 종의 한쪽 성에 의한 나머지 모든 종의 약탈이다. 지배적인 담론에서 '세계적(global)'이라는 것은, 우세한 지역이 생태적인 지속 가능성과 사회 정의라는 절대 명령이 불러일으키는 한계들에 대한 책임을 방기하면서 세계적인 통제를 추구하는 정치적 영역을 의미한다. 이러한 의미에서, '세계적'이라는 것은 결코 인류의 보편적 이해를 나타내는 것이 아니다. 그것은 정복과 통제 그리고 무책임과 호혜성 결핍에 편승하여 세계화된 특정 지방의 이해와 문화를 대변할 따름이다.

　세계화는 세 가지 물결을 일으켰다. 그 첫번째 물결은 지난 1500년 동안 유럽 열강에 의한 아메리카·아프리카·아시아·오스트레일리아의 식민화이다. 두번째는 식민지 시대 이후 지난 50여 년 동안 계속된 서구의 '발전'

개념이다. 그리고 세번째 물결은 약 5년 전부터 시작된, '자유무역'의 시대로 알려져 있는 것이다. 몇몇 평론가들에게 이것은 역사의 종말을 의미한다. 제3세계 국가들에게 이것은 재식민화라는 역사의 반복을 의미한다.

이 각각의 세계화 물결이 낳은 영향은 켜켜이 쌓여왔다. 비록 그것들이 지배적인 메타포와 행위자들 내에서는 불연속적으로 이루어졌다고 하더라도 말이다. 그리고 세계적인 질서가 다양성을 제거하고 균질성을 강요하던 각각의 시기에, 무질서와 분열은 사라지기는커녕 오히려 더 커져만 갔다.

제1의 세계화 물결, 식민주의

유럽이 처음으로 전세계의 다양한 국가와 문화를 식민화했을 때, 그것은 자연 또한 식민화하는 것이었다. 산업혁명과 과학혁명 시기 동안 일어난 자연에 대한 인식의 변화는, 유럽인들의 의식 속에서 자기조직적이고 살아 있는 시스템으로서의 '자연'이 어떻게 인간이 착취하기 위해 관리와 통제가 필요한 단순한 원료로 변형되어 나갔는지를 잘 보여주고 있다.

'자원(resource)'은 원래 생명을 암시하는 것이었다. 그 어원인 라틴어의 resurgere는 "다시 일어나는(rise again)"이라는 의미이다. 즉 자원은 자기재생(self-regeneration)을 뜻하는 것이다. 또한 자연'자원'이라는 용어의 사용은 자연과 인간의 호혜적인 관계를 암시하는 것이었다(Shiva, 1992c, p. 206).

그러나 산업주의와 식민주의가 등장하면서, 그 의미가 변환되었다. 이제 '자연자원'이 함축하는 의미는 산업 생산품과 식민지 무역의 투입요소라는 것으로 변질되었다. 자연은 생명이 없는 조작 가능한 물질로 변환된 것이다. 재생과 성장을 위한 자연의 능력 또한 무시되었다.

자연에 대한 폭력과 (자연 내) 섬세한 상호관계의 파괴는 자연의 자기조직력을 무시했기 때문에 가능했다. 그리고 자연에 대한 이러한 폭력은 사회 내의 폭력으로 전환되었다.

유럽인에 의해 완전히 관리되거나 통제되지 않는 것은 무엇이나 위협요소로 간주되었다. 거기에는 자연, 비서구 사회 그리고 여성이 포함되었다. 자기조직적인 것은 야만적이고 통제되지 않으며 미개한 것으로 폄하되었다. 자기조직화하는 것이 혼돈으로 인식되면서, '다른 집단(사람)'의 향상과 개선을 위해 강압적이고 폭력적인 질서를 강요하는 상황이 조성되었다. 그러고 나면 그들이 본래 지니고 있던 질서는 붕괴되고 와해된다.

대부분의 비서구 문화들은 야생적인 것이 지닌 다양성을 민주주의와 자유에 대한 영감의 원천으로 보면서 그것을 성스러운 것으로 간주하였다. 인도의 국민 시인 타고르(Rabindranath Tagore)는 인도의 독립운동이 절정에 다다랐을 때 쓴 시에서, 인간사회의 민주주의는 자연, 특히 숲의 다양성 원칙으로부터 나오는 것이라고 말했다. 숲에서 항상적으로 일어나고 있는 다양한 재생의 과정 — 눈으로, 귀로, 코로 느낄 수 있는 각각의 종의 다양성, 각 계절의 다양성 등 — 은 인도 사회에 문화를 불어넣었다. 다양성 속의 삶, 민주적인 다원주의라는 한결같은 원칙은 인도 문명화의 원칙이 되었다.[1]

유럽인들이 아메리카와 아프리카 혹은 아시아의 원주민들을 '발견'할 때마다, 그들은 원주민들을 우월한 인종에 의해 구원되어야 할 야만인으로 바라보았다. 이러한 이유로 노예제마저 정당화되었다. 유럽인들에게는, 아프리카 사람들을 노예로 부리는 것은 자비로운 행동이며 그들을 "야만적인 미개상태의 끝없는 암흑"으로부터 구출하여 "우월한 문명"의 품으로 포용하는 것으로 인식되었다.

야만적인 것과 그와 관련된 다양성에 대한 서구의 두려움은 인류를 통치해야 한다는 (착오적인) 의무와 자연세계에 대한 통제 및 지배와 밀접하게 연관되어 있다. 저명한 과학자이자 1760년대에 뉴잉글랜드(New England Company) 회사의 회장을 지낸 보일(Robert Boyle)은 기계

---

1) Tagore, Rabindranath, "Tapovan" (Hindi), Tikamagarh, Gandhi Bhavan, undated, p. 1, 2.

론적 철학(mechanical philosophy)의 등장을 자연뿐 아니라 아메리카 원주민들에 대한 권력의 도구라고 보았다. 보일은 자연의 작동에 대해서 뉴잉글랜드 인디언이 갖고 있던 터무니없는 인식을 뿌리뽑겠다는 자신의 의도를 명백히 표방하였다. 그는 뉴잉글랜드 인디언들이 자연을 '일종의 여신'으로 바라보는 것에 대해 공격하기를 서슴지 않으면서 이렇게 일갈했다.

> …숭배를 통해 인간은 스스로 자연이라고 부르는 것에 도취되는데, 이것은 신의 열등한 창조물을 지배하는 인간제국(empire of man)의 건설을 맥빠지게 하는 방해물이 되어왔다.(Easlea, 1981, p. 64에서 재인용)

이렇듯 '인간제국'이라는 개념은, 인간이 자연의 다양성이라는 다원주의(pluralism)에 포함되어 있다는 의미를 지닌 '지구가족(earth family)' 개념을 밀어내고 대신 그 자리를 차지하였다.

이와 같은 개념적 축소는 식민주의와 자본주의 구도에 있어서 필수적인 것이었다. 지구가족이라는 개념은 착취와 지배의 가능성을 배제하는 것이다. 따라서 무한한 착취와 이윤을 촉진하기 위해서는, 자연을 경외하는 인간사회와 자연의 권리를 부정하는 것이 필요하였다.

오직 서구인만이 인류이기 위한 척도가 될 수 있으며 인

권을 갖는다는 세계관에서는, 위협으로 간주되는 다양성
은 제거되어야만 했다. 크로스비(A. W. Crosby)가 주지한
대로 되었다.

다시 또다시 유럽 제국주의 시기 동안, 모든 사람은
형제라는 기독교인들의 관점은 비유럽인들에 대한 박해
로 이어졌다 ── 나의 형제인 그는 나와 같지 않은 한
죄악을 범하는 것이다.(Crosby, 1972, p. 12)

유럽인들의 기만적인 우월성과 완벽한 인간으로서의 이
들의 배타적 위치에 근거하여, 모든 야만성은 일절 금지되
었다. 데이비슨(Basil Davidson)이 말하고 있듯이, 다른 사
람의 영토를 침략하고 재산을 몰수하는 것을 도덕적으로
정당화해 주는 것은 "규율 없는 종족들" "정처없이 떠돌아
다니는 무리와 야만인들(fluttered folk and wild)"에 대한
유럽인들의 기만적인 "자연스러운" 우월성이라는 것이었다
(Davidson, 1974, p. 178).

유럽 문화와 다르다는 이유만으로 그들의 문화와 권리
는 부정되었고, 이와 같은 부정은 다시 그들로부터 자원과
부를 착취하는 것을 용이하게 해주었다. 교회는 유럽의 군
주들에게 비기독교인들을 공격하고 정복하고 진압할 수
있는 권한을 부여했다. 그리고 유럽의 군주들이 비기독교
인들의 물자와 영토를 강탈할 수 있게 하였으며, 그들의

땅과 재산(에 대한 권리)을 이전시킬 수 있게 하였다. 500여 년 전, 콜럼버스는 신세계(New World)에 이러한 세계관을 들여왔다. 그리고 수백만의 사람들과 수천 가지의 생물 종들이 밀려들어오는 첫번째 세계화의 물결 속에서 자신들이 존재할 권리를 잃게 되었다.

제2의 세계화 물결, '발전'

다양성에 대항하는 전쟁은 식민주의로 끝나지 않았다. (유럽 외의) 모든 나라 사람들을 불완전하고 결함 있는 유럽인으로 보는 시각은 '발전' 이데올로기를 통해 다시 부활하였다. '발전' 이데올로기는 세계은행(World Bank)과 국제통화기금(IMF), 그 밖의 국제금융기구와 다국적기업의 관대한 지원과 자문 활동이 제3세계 민중들을 구원할 것이라고 주장하였다.

원래 발전은 내면으로부터의 진화를 암시하는 아름다운 단어이다. 20세기 중반까지만 해도 발전은 자기조직적 진화와 비슷한 의미를 지니고 있었다. 그러나 발전 이데올로기는 서구의 우선권, 서구식 패턴과 편견의 세계화를 암시하였다. 여기서 발전은 자기발생적(being self-generated)이기보다는 강제적인 것이다. 그것은 내부로부터 나오기보다 외부로부터 지도되며, 다양성을 유지하는 데 기여하기보다는 균질성과 획일성을 만들어낸다.

녹색혁명은 발전 패러다임의 대표적인 사례이다. 녹색혁명은 산업화된 농업 문화와 경제를 세계화하면서 지구의 다양한 생태계에 적응해 있는 다양한 농업 시스템을 파괴했다. 녹색혁명은 제3세계 모든 나라에 벼·밀·옥수수의 단작을 조장함으로써 수천 종의 다양한 농작물 품종들을 전멸시켰다. 뿐만 아니라 자체 내에서 조달되던 투입물을, 엄청난 양의 자본과 화학비료와 농약 같은 집약적인 투입물로 대체시킴으로써 농민들에게는 빚을, 생태계에는 죽음을 던져주었다.

녹색혁명은 단순히 자연에 대해서만 폭력을 가한 것이 아니었다. 녹색혁명은 외부로부터 관리되고 세계적으로 통제되는 농업을 창출함으로써 인간사회에도 폭력의 씨앗을 뿌려나갔다.

일반적으로, 외국 자본의 원조를 받고 외국 전문가에 의해 계획이 수립되는 농촌개발과 특히 녹색혁명은 정치적으로 안정되어 있는 농촌지역의 평화를 유지하는 수단이자, 중국 이외 지역이 공산혁명의 영향 아래 놓이는 것을 막기 위한 수단으로 간주되었다. 그러나 20여 년이 지나자, 눈에 드러나지 않던 녹색혁명의 생태적·정치적·문화적 비용이 현실화되기 시작했다. 정치적 차원에서 녹색혁명은 갈등을 해소하는 것이 아니라 오히려 증폭시킨다는 것이 판명되었다. 물질적 차원에서 상업적 곡물의 높은 생산량은 다른 한편으로 생태계 차원에서 새로운 기근을 발생시켰다. 그리고 문화적 차원에서 녹색혁명의 균질화 과정은 인종적·종교적 정체성을 부활시켰던 것이다(Shiva, 1991, p. 171).

제3세계의 생태적·인종적 위기는 다양성·분권화·민주주의에 대한 요구와 획일화·중앙집중화·군국주의화의 요구 사이의 근본적이고도 풀리지 않는 갈등으로부터 발생하는 것으로 파악할 수 있다. 자연과 인간에 대한 통제는 녹색혁명의, 중앙집중화된 전략과 중앙집중화하는 전략에서 필수적인 요소이다. 자연세계의 생태적 단절과 인간사회의 정치적 단절은 자연과 사회를 분리시키는 정책을 함의하고 있는 것이다.

녹색혁명은, 기술은 자연에 대한 우월한 대체물이므로 자연의 한계에 의해 제약받지 않는 성장의 도구가 될 수 있다는 가정을 기반으로 하고 있다. 이와 같이 자연을 결핍의 근원으로, 기술을 풍요의 근원으로 바라보는 것은 개념적으로나 경험적으로 생태적 파괴를 통해서 자연에 새로운 결핍을 만들어내는 기술을 유도한다. 예를 들어 녹색혁명의 실행은 비옥한 토지의 유용성과 농산물의 유전적 다양성을 감소시킴으로써 새로운 기근을 만들어냈다.

녹색혁명이 가져온 변화 —— 다양성과 내부의 자체적인 투입을 기반으로 하는 경작체계에서 획일성과 외부로부터의 투입을 기반으로 하는 경작체계로의 변화 —— 는 단순히 농업의 생태적 과정만 바꾸어놓은 것이 아니었다. 그것은 또한 사회적·정치적 관계 구조를 상호책임 관계에서 개별 경작자와 은행, 종자·비료 공급업자, 식량 조달업자, 발전·관개 조직 간의 관계로 변화시켰다. 이 결과, 국가나 시장과 직접적으로 관계를 맺게 된 원자화되고 파편화된 경작자들은 문화적 규범과 관행을 훼손시키게 되었다. 더욱이 외부로부터 공급되는 투입물이 턱없이 부족하였기 때문에, 이것은 계급간·종교간의 갈등과 경쟁을 부추기면서 폭력과 갈등의 씨앗을 뿌려놓았다.

이와 같이 녹색혁명을 가능하게 했던 중앙집중화된 계획과 배분은 사람들의 삶에 영향을 주었을 뿐 아니라 사람들의 자아에 대한 사고 자체에도 영향을 미쳤다. 정부는 모든 문제에 대해 판결을 내리는 심판자의 입장에 서 있기 때문에, 문제가 발생할 때마다 그것은 정치적 사안이 되었다. 또 다양한 공동체가 공존하는 상황에서 중앙집중화된 통제는 자치체 혹은 지역 차원에서의 갈등을 일으켰다. 따라서 모든 정책결정은 '우리'와 '그들'의 정치로 변질되었다 —— '우리'는 부당하게 대우받아 온 데 비해, '그들'은 불공평하게 특혜를 받아왔던 것이다.

1972년, 프란켈(Francine Frankel)은 『녹색혁명의 정치적 도전(The Political Challenge of the Green Revolution)』에서 다음과 같이 쓰고 있다.

말하자면, 자동적인 재균형화 과정에 필요한 시간이 심각하게 줄어들고 있을 정도로 파괴의 속도가 가속화되고 있다는 이러한 분석이 무엇을 의미하는지 시급히 생각해 보아야 한다. 지금처럼 여기에 대항하는 힘이 존재하지 않는다면, 이미 작동하고 있는 (녹색혁명의) 힘들은 농촌지역의 전통사회를 총체적 붕괴 상태로 몰아넣을 것이다.(Frankel, 1972, p. 38)

1972년에 프랑켈의 이러한 붕괴 예견은 터무니없는 것처럼 보였다. 그러나 1984년 급진주의자 시크교도 두 명이 인디라 간디를 암살했고, 그후 델리에서는 2천 명의 시크교도들이 보복 차원에서 학살당했다. 1986년에는 펀자브 지방에서 598명이 살해되었다. 그리고 1년 후, 그 수는 1544명이 되었고, 1988년에는 3천 명으로 늘어났다.

급속한 속도로 대규모적으로 도입되는 녹색혁명 기술들은 사회구조와 정치과정에서 두 가지 수준의 혼란을 불러일으키고 있다. 녹색혁명 기술들은 한쪽으로는 계급간의 격차를 만들어내고 또 한쪽으로는 사회관계의 상업화를 증대시켰다. 프랑켈이 관찰한 바와 같이, 녹색혁명은 사회규범을 철저하게 갉아먹었던 것이다.

새로운 기술이 광범위하게 적용되고 있는 지역에서는, 식민지 통치하의 혼란의 시대에는 성취될 수 없었던, 전통사회에서 안정화 역할을 담당하던 나머지 부분을 효과적으로 제거하는 데 성공하였다.

이와 같이 프란켈은 사회적 와해를 예견하기는 하였으나, 그녀는 그 원인을 계급갈등에서 찾았다. 하지만 녹색혁명이 전개되어 나가면서, 공동체적이자 민족적인 측면이 전면에 드러나기 시작했다. 인도 펀자브 지방의 예에서 볼 수 있듯이, 근대화와 경제발전은 종교, 문화 혹은 인종을 중심으로 한 갈등을 자극하고 강화하면서 민족적 정체성을 경직되게 한다.

대부분의 지역적·종교적·민족적 회생운동은 균질화의 맥락에서 다양성을 회복하기 위한 운동이다. 그러나 분리주의의 패러독스는 그것이 획일성의 틀 안에서 다양성을 추구한다는 데 있다. 분리주의는 정체성의 훼손과 말살을 그 기반으로 하는 구조 내에서 정체성을 추구한다. 수평적으로 구성된 다양한 집단이 파괴되고 선거정치에 의해 원자화된 개인들이 수직적으로 연결된 국가권력이 형성되면서, 시크교 농민들의 자기권리 주장은 시크교 국가의 분리독립 요구로 바뀌었던 것이다.

발전을 통한 균질화 과정은 차별을 완전히 제거하지 않는다. 차별은 계속 유지된다. 이것은 다원성의 맥락을 통합하는 것이 아니라 균질화의 맥락을 파편화한다는 점에서 그러하다. 정치·경제력을 결정짓는 희소자원을 둘러싼 경쟁을 통해서 긍정적인 다원성(pluralities)은 부정적인 이원성(dualities)으로 대체된다. 다양성은 배타적인 이원성으로 그리고 배제의 경험으로 돌연변이 되는 것이다.

다양성에 대해 관용을 가지지 못하는 경향은 새로운 사회적 병폐가 되고, 여러 지역 공동체들을 부패와 폭력, 타락과 파괴로 이끌게 된다. 이러한 경향과 더불어, 균질화된 (경제)개발계획을 수행하는 국가가 만들어낸 상황에서 지속되는 문화적 차이는 공동체들간의 대립을 조장한다. 이리하여 다양성이 갖는 풍부함은 활성화되기보다 오히려 다양성은 분열의 기반이 되고 분리의 이데올로기가 되는 것이다.

제3의 세계화 물결, '자유무역'

세계화와 균질화는 이제 국민국가 차원이 아니라 세계 시장을 통제하는 전지구적 권력에 의해서 수행되고 있다. '자유무역'은 우리 시대의 세계화에 대한 지배적 메타포이다. 그러나 자유무역 협상과 조약들은 시민과 국가의 자유를 보호하기는커녕, 강압과 힘을 사용하여 우세한 입지를 선점하기에 이르렀다. 바야흐로 냉전시대가 막을 내리고, 무역전쟁의 시대가 시작된 것이다.

자유무역 시대의 폭력의 전형적인 사례로는 미국의 무

역법, 특히 슈퍼 301조와 스페셜 301조를 들 수 있다. 이 법들에 따르면, 미국 기업에 시장을 개방하지 않는 모든 나라에 대해 일방적인 행동을 취할 수 있게 되어 있다. 슈퍼 301조는 투자에 대한 자유를 강제하고 있으며, 스페셜 301조는 지적 재산권 보호를 통해 시장의 독점적 통제의 자유를 가능하게 한다. 사실상 자유무역은 서구의 이익을 위해 자유화와 보호주의를 결합시킨 불균형적인 장치이다. 코어(Martin Khor)는 이렇게 말한다.

자유무역과 자유화는 우루과이라운드를 밀어붙이기 위한 교묘한 슬로건이었을 뿐이다. 실제로는 '우리에게 이익이 된다면 자유화, 우리에게 이익이 된다면 보호주의, 하는 식으로 그 속셈은 우리 자신의 이익'이라는 것이었다.(Khor, 1990, p. 29)

제3세계 국가들은 GATT가 새로운 영역 —— 예를 들어 서비스, 투자, 지적 재산권과 같은 영역 —— 으로 확장해 나가는 데 대해 저항하였다. GATT는 국내 차원에서 결정될 이슈들에 대해서까지 "무역과 관련된"이라는 항을 부가시킴으로써, GATT를 통해 단지 국제무역만 규제하는 것이 아니라 국내 정책까지 결정하려고 한다.

이러한 가혹한 폭력은 GATT의 우루과이라운드의 다자간 협상에서까지 제3세계를 대상으로 행사되곤 했다. 77

그룹(G77)의 의장이자 UN의 콜롬비아 상임대표인 화라미요(Fernando Jaramillo)는 한 연설에서 이렇게 말했다.

우루과이라운드는, 제3세계 국가들이 자신들의 생존에 막대한 중요성을 가지는 영역을 정의하는 문제에서조차 밀려나고 거부당하고 있다는 또 다른 증거이다. (Raghavan, 1995에서 재인용)

바로 이러한 과정 자체가 비민주적이고 일방적인 것이다. WTO와 같은 자유무역 조약들은 제3세계 국가들처럼 힘없는 무역 파트너와 시민들에게 압력을 행사한다. 예를 들어 1991년에 GATT의 사무총장 던켈(Arthur Dunkel)이 작성한 조약의 초안은 교섭의 여지가 전혀 없는 것으로 되어 있었다. 그래서 인도에서는 이를 두고 DDT(Dunkel Draft Text, 던켈 초안)라고 부르면서 이 초안에 대한 불쾌함을 표현하기도 했다. 이보다 더 노골적인 예로는 1993년 12월에 있었던 GATT 협상의 마지막 단계를 들 수 있다. 협상 막바지 단계에서 미국 무역대표 캔터(Micky Kantor)와 유럽공동체의 협상자인 브리태니(Leon Brittany)는 단 둘이서 문을 걸어 잠근 채 밀실협상을 진행했으며, 그후 전세계에 '자유무역' 조약을 공표했다. 협상은 전세계적으로 이루어졌다고 주장하지만, 선진 국가들은 결국에는 제3세계 국가들과 그 어떤 토론도 하기를 거부하였다.

이런 행태는 다자주의(multilateralism)도, 범세계적 민주주의도 아니다.

화라미요 대사가 관찰한 것처럼, 새로운 권위주의적 구조가 등장하고 있는 것이다.

브레턴우즈 체제는 개발도상국가들에 영향을 미치는 주요한 경제적 결정의 중심이 되어왔다. 우리 모두는 세계은행과 IMF가 내거는 조건들에 대한 증인이 되어왔다. 그리고 우리 모두는 그들의 비민주적인 특성, 불투명성, 그들의 독단적인 원칙들 그리고 사상논쟁에서 그들의 다원주의적 사고의 결핍, 선진 국가들의 정책에 영향을 미치는 데 있어서 그들의 무능력 등, 이와 같은 체제하에서의 의사결정 시스템의 본질을 알고 있다.

이런 행태는 또한 새로운 WTO 체제에서도 적용되고 있는 것 같다. 이 새로운 조직의 협약들은 이 조직이 선진 산업국가들에 의해 지배되는 것이며, 그 운명은 스스로 세계은행과 IMF에 동조하는 것이 될 것이라는 점을 보여주고 있다.

우리는 개발도상국가들과 관련된 경제관계를 통제하고 지배하기 위한 특수한 기능을 가진 새로운 삼위일체 체제(New Institutional Trinity)의 탄생을 예고할 수 있다.(같은 곳)

실제로 자유무역은 초국적기업들이 세계 거의 모든 나라를 대상으로 무역하고 투자할 수 있도록 초국적기업의 자유와 힘을 거대하게 확장시켜 왔다. 그에 반해, 이 초국적기업들의 활동을 제한할 수 있는 각국 정부의 힘은 크게 축소되었다. 우루과이라운드의 진정한 권력집단이라 할 수 있는 초국적기업들은 새로운 권리를 획득하였고, 노동자들의 권리와 환경을 보호해야 하는 '구시대적 의무'는 포기되었다.

자유무역은 결코 자유롭지 않다. 그것은 막강한 초국적기업의 경제적 이해를 옹호한다. 그런데 이러한 초국적기업은 이미 세계무역의 70%를 장악하고 있으며, 그들에게 국제무역은 절체절명의 것이다. 초국적기업의 자유는 전 세계 모든 시민들의 자유의 파괴를 기반으로 하고 있으며, 제3세계 국가들이 지난 세기 동안 겪은 두 차례의 식민지화 물결 이후 최근 들어 비로소 획득한 독립의 미미한 성과마저 파괴하고 있다. 기본적으로 GATT는 개별 국가들의 민주적 체제들 —— 지방의회, 지방정부, 의회 등 —— 을 자신들의 시민들의 의지를 집행하지 못하게 함으로써 절름발이로 만들어버렸다.

GATT는 국제적으로 거래되는 상품과 서비스의 규모를 증가시키면서, 실업을 증가시키고 세계경제로부터 배제된 사람들에게 고통을 안겨다 주었다. 1994년, 인도 통상부 장관은 GATT의 영향으로 인도의 실업이 극적으로 늘어날 것이라는 점을 인정하였다. 독일에서는, 실업률이 7.4%에서 11.3%로 높아질 것으로 예상되고 있다. 프랑스 역시 실업률이 9.5%에서 12.1%로 상승하고 있으며, 9.7%에서 10.4%로 실업률이 증가 추세에 있는 영국도 예외는 아니다.

영국의 경우, 상위 1천 개 기업들이 1년 사이에 150만 개의 일자리를 없애버렸는가 하면, 총노동력은 860만 명에서 700만을 간신히 넘는 수준으로 떨어졌다. 프랑스 의회는 향후 10년 내에 프랑스의 실업자가 350만 명으로 늘어날 것이라고 내다보고 있다. 리프킨(Jeremy Rifkin)의 저서 『노동의 종말(*The End of Work*)』에 의하면, 미국에서는 생산의 감소로 인해 총 일자리 1억 2천만 개 가운데 9천만 개의 일자리가 사라질 수 있다고 한다(Rifkin, 1994). 그런가 하면 최근 『월스트리트 저널(*Wall Street Journal*)』의 한 기사는, 가까운 미래에 미국 내에서 해마다 150만～250만 개의 일자리가 사라질 수 있다고 예측하고 있다.

국가들마다 노동자를 위한 사회보장 혜택을 줄이고 있다. 프랑스는 연금동결을 발표하였고, 독일은 실업수당을 축소하였다. 외부로 유출된 영국 정부문서에서는 노동자의 건강 및 안전규제를 철폐하는 계획을 제안하고 있다. 이와 같은 것들은 사용주에게 작업장에서 화장지와 비누를 제공할 것을 요구하는 것에서부터, 산업재해를 피하기 위한 조치를 부분적으로 중단시키는 것에 이르기까지를

다 포함한다.

바야흐로 선진국들은 국내적으로 노동자의 권리를 보호하는 대신, 그리고 제3세계 국가들의 임금을 삭감하는 세계은행의 구조조정 정책을 중지시키는 대신, 제3세계의 저임금이 국제무역에서 '사회적 덤핑(social dumping)'을 유도하고 있으므로 부자나라들을 보호하기 위해 이에 대한 무역제재가 필요하다고 주장하고 있다.

전세계 수억의 농민들의 생계는 WTO와 새로운 생명공학의 위협 속에 그대로 노출되어 있다. 농업 조약에서 실시하는 "고령농가 은퇴 프로그램"은 기본적으로 농민들을 배제하려는 정책이다. 더욱이 종자와 식물 품종에 대한 독점적 통제는 식물 유전자원의 원래 육종자이자 보관자인 제3세계 소농들을 배제시키기 위해 더욱더 심한 압력을 가하고 있다.

이제 자유무역의 희생자들이 그 폭력성에 대응하기 위해 저항에 나서기 시작할 것이다. 북대서양자유무역지역(North Atlantic Free Trade Area, NAFTA)이 시작되던 해인 1994년 1월 1일, 멕시코 치아파스 지역의 사파티스타(Zapatista) 봉기로 107명이 목숨을 잃었다. 사파티스타 봉기의 지도자는 "NAFTA는 멕시코 인디언들에게 죽음의 증서와 다름없다"고 말했다. 치아파스의 사파티스타 봉기에 고무되어 멕시코의 다른 집단들도 저항에 나서고 있다. 전국토착민연합(National Coalition of Indigenous People)의 지도자는 이렇게 외친다.

우리를 시험하지 마라. 사파티스타는 전국 어디에서
나 나타날 수 있다.

IMF와 세계은행의 구조조정 프로그램은 GATT 이전 시
기에 자유무역을 관철시키기 위해 고안된 것이었다. IMF
와 세계은행의 바로 이 구조조정 프로그램은 제3의 세계
화 물결에 의해 창출된 3단계의 폭력을 가하고 있다.

우선, 구조조정 프로그램 자체의 폭력이다. 구조조정 프
로그램은 사람들로부터 식량, 보건 그리고 교육을 강탈한
다.

사람들은 자신들의 절박한 생존이 위협받게 되면, 스스
로 자신의 권리를 보호하기 위해 저항하게 된다. 그러나
이러한 저항은 세계은행과 IMF의 구조조정 조건을 수행하
는 체제로부터 저지당한다. 페루의 한 경제 전문가는, 구
조조정 프로그램에 반대하여 일어난 몇몇 저항과정에서
약 3천 명이 죽고 7천 명이 부상당했으며 1만 5천 명이 체
포되었다고 말한다.

결과적으로 구조조정 프로그램이 사람들로부터 자기조
직화 능력과 자치능력, 자급능력을 강탈함으로써 형성된
경제적 · 정치적 취약성은 또한 의도적으로 조장되는 폭력
(engineered-violence)의 조건을 만들어낸다. 이러한 폭력

안에서 현 체제의 수익계층 혹은 국가경제를 관장하는 기득계층(vested interests)은 민족적 혹은 종교적 차원에서 볼 때 취약한 집단들을 서로간에 전쟁을 선포하도록 조장하고 있다.

인종적·종교적·민족적 차이에 의한 분열이 원인이 되어 조장된 내전으로부터 자유로울 수 있는 대륙은 이 지구상에 하나도 없다. 사실 냉전이 종식되어 나갈 그 시점에 시민사회에 전지구적인 규모로 전쟁의 기운이 감돌고 있다. 이렇게 해서 다양성은 세계화되고 균질화되어 나가는 세계에서 골칫거리로 전환되었던 것이다.

소말리아와 르완다의 경험은 세계화가 내재하고 있는 다양한 폭력을 생생하게 보여주는 일례이다.

소말리아의 위기는 '종족주의(tribalism)'의 산물이라고 해석되었다. 그러나 초스도프스키(Michel Chossudovsky)에 따르면, 소말리아 내전은 구조조정 프로그램의 형태에 담겨 있는 세계화의 영향과 훨씬 더 밀접하게 연결되어 있다. 소말리아는 기본적으로 유목인과 소농 간의 교환관계를 바탕으로 한 목축경제 국가였다. 식량에 관한 한 소말리아는 실질적으로 자급자족 상태에 있었다. 1983년까지만 해도 가축 수출은 소말리아 총 수출소득의 80%를 차지하였다.

그러나 80년대 초 IMF와 세계은행의 구조조정 프로그램은 소말리아의 경제 및 사회 조직을 붕괴시켰다. 수입자유

화와 더불어 값싼 수입품이 밀려들어오면서 국내 농업생
산이 침식되었다. 소말리아에 대한 식량원조는 70년대 중
반에서 80년대 중반 사이에 15배나 증가했으며, 이 결과
농민들이 몰락하였다. 한편 축산 관련 서비스와 수자원이
민영화되면서 이것은 축산부문의 붕괴로 이어졌다. 초스
도프스키는 이렇게 말하고 있다.

> IMF와 세계은행의 구조조정 프로그램은 소말리아 경
> 제를 악순환에 빠뜨렸다. 가축의 집단 폐사는 유목 목축
> 업자들을 기아상태로 몰아넣었고, 이것은 다시 곡물을
> 가축용 사료로 팔거나 가축과 물물교환을 하던 곡물 생
> 산자들까지 굶주림에 허덕이게 하였다. 그 결과 사회 전
> 반의 목축경제 구조는 붕괴되었다. 또 육류수출이 감소
> 하고 (페르시아만 국가들에서 일하던 소말리아 노동자
> 들의) 송금이 줄어들면서 외환 보유고가 부족해지자,
> 이 여파는 다시 국제수지와 국가 공공 재정에까지 타격
> 을 가하여 정부의 경제 및 사회 정책마저 와해되는 결과
> 를 가져왔다.[2]

르완다 대학살은 구조조정이라는 세계화 과정과 유사한

---

2) Chossudovsky, Michel "Global Poverty", unpublished manuscript. 그러나
이후 이 초고는 (The) Globalization of Poverty : Impacts of IMF and
World Bank Reforms라는 제목으로 출간되었다(『빈곤의 세계화: IMF
경제신탁통치의 실상』, 이대훈 옮김, 당대, 1998).

연결고리를 가지고 있다. 1989년, 국제커피협약(International Coffee Agreement)은 난관에 봉착했다. 세계 커피가격이 50% 이상 떨어진 것이다. 그리하여 르완다의 커피 수출소득은 1987~91년에 50% 이상 크게 감소하였다.

그리고 1990년 11월, 세계은행과 IMF의 구조조정 프로그램은 르완다 프랑화를 50% 평가절하하기를 요구했다. 그렇지 않아도 국제수지 상황이 급속도로 나빠져서 1985년 이후로 이미 두 배로 증가한 엄청난 외채는 1989~92년에 또다시 34%나 늘어났다. 세계은행과 IMF의 요구는 여기에 그치지 않았다. 1992년 6월에 르완다 프랑화의 추가적인 평가절하를 요구하였고, 이로 인해 르완다의 커피 생산량은 25%나 감소하였다. 초스도프스키는 다음과 같이 설명하고 있다.

커피경제의 위기는 카사바, 콩, 사탕수수 같은 전통적인 식량생산에까지 타격을 입혔다. 소농들에게 융자를 제공해 오던 신용협동조합 체계까지 무너졌다. 설상가상으로 브레턴우즈 기관의 권고에 따라 무역 자유화와 곡물시장 규제완화 조치가 실행되면서 선진국들로부터 대규모 보조지원을 받은 값싼 식료품과 원조식량이 밀려 들어와 르완다의 지역시장들은 흔들리기 시작했다.[3]

---

3) 같은 곳.

세계화는 세계 곳곳에서 지역 경제와 사회 조직을 파괴했으며, 사람들을 불안과 공포와 내분으로 몰아넣었다. 사람들의 생계를 위협하는 폭력은 결국 전쟁이라는 폭력으로 변한 것이다. 이렇듯 창궐하는 폭력을 잠재울 수 있는 방법은 오직 하나뿐이다.

　　우리가 어디에 사는 누구이든간에, 우리는 다시 한 번 감수성과 책임감을 가지고 다양성을 바탕으로 평화를 이룩해야 한다. 다양성은 결코 갈등과 혼란에 대한 하나의 처방에 불과한 것이 아니다. 다양성은 사회적·정치적·경제적·환경적 의미에서 지속 가능하고 정의로운 미래를 위해 우리가 취할 수 있는 유일한 선택이다. 다양성은 바로 우리가 생존할 수 있는 유일한 방편인 것이다.

제7장

비폭력과 다양성을 드높이자

제7장
비폭력과 다양성을 드높이자

　현 시대의 평화를 위협하는 주범은 다름아니라 다양성에 대한 관용(tolerance)의 부족이다. 반대로 다양성을 배양하는 것은, 자연과의 평화, 다양한 사람들간의 평화를 이룩하는 데 있어서 가장 의미 있는 공헌이 될 것이다. 다양성의 배양은 의식적이고 창조적인 행위이어야 하며, 지적이고 실천적이어야 한다. 이것은 다양성에 대한 단순한 관용 이상의 것을 요구함을 의미한다. 왜냐하면 관용만으로는, 차이에 대한 관용의 부족으로 발생하는 전쟁들을 억누르기에 역부족이기 때문이다.

　다양성은 자기조직화의 가능성과 밀접하게 연결되어 있다. 다양성의 배양이 가져오는 정치적 결과는 바로 탈집중화와 지역의 민주적 통제이다. 그리고 평화는 다양한 종과 지역 공동체들이, 자기조직화하고 자신들의 필요와 구조, 우선순위에 따라 진화하는 자유를 향유할 수 있는 조건들로부터 얻어진다.

그러나 세계화는 이런 자치와 및 자기조직화의 조건들을 침해하고 있다. 세계화는 폭력적인 질서를 유지하기 위해 필요한 강압적인 구조라는 측면에서 그리고 그러한 질서의 산물인 생태적·사회적 해체와 폭력이라는 측면에서 폭력적인 질서를 확립하였다.

다양성의 배양에는, 강압적인 수단에 의해 (원하지 않는) 삶을 강요받는 사람들이 스스로 조직하는 권리를 되찾는 것이 포함되어 있다. 다양한 사람들과 다른 종들에게 자신의 우선순위와 형식을 강요하는 지배적인 국가와 인간집단들에게, 다양성의 배양은 '타자' —— 다른 문화와 다른 종 —— 의 능력과 내재적 가치를 볼 수 있는 계기를 마련해 준다. 그들로 하여금 폭력을 유발하는 공포와 자유로운 것에 대한 공포에 근거해 있는 지상명령인 통제의 의지를 포기할 수 있게 해준다. 따라서 다양성의 배양은 세계화가 가져온 폭력과 균질화, 단작에 대한 비폭력적인 대응이라고 할 수 있다.

생물 다양성은 빠른 속도로, 다양성과 비폭력을 바탕으로 한 세계관과 단작과 폭력에 근거해 있는 세계관 간의 주요한 갈등의 지점이 되고 있다.

자연과 지식의 약탈자들

218

지금까지 생물 다양성은 보전주의자들의 배타적인 영역으로 간주되어 왔다. 하지만 자연의 다양성은 문화적 다양성과 수렴한다. 다양한 생태계 내의 서로 다른 종들의 특성에 조응해서 서로 다른 다양한 문화들이 나타난다. 이들은 자신들의 주거지가 가진 풍부한 생물적인 부를 보전하고 이용하는 다양한 방식을 찾아내었다. 이들의 조심스런 실험과 혁신에 의해, 새로운 종들이 이들의 생태계에 도입되었다. 생물 다양성은 단순히 자연의 풍부함을 상징하는 것만이 아니다. 다양한 문화적·지적 전통으로 구체화되고 있다.

　생물 다양성과 관련해서, 상호 대립적인 두 가지 패러다임이 존재한다. 그 하나는 지역 공동체가 지니고 있는 패러다임으로서, 이들의 생존과 생계는 생물 다양성의 이용과 보전과 직접적으로 연결되어 있다. 또 하나의 패러다임은 상업적 이해관계에 의해 유지되는 것인데, 그들 상업적 이해관계자들의 이윤은 전지구적 생물 다양성을 균질하고 집중화된 세계적인 대규모 생산체계의 투입물로 이용하는 것과 직결되어 있다.

　지역의 토착 공동체들에게, 생물 다양성을 보전한다는 것은 자신들의 자원과 지식·생산체계에 대한 자신들의 권리를 보전하는 것을 의미한다. 그러나 제약기업이나 농업 생명공학 기업처럼 상업적 이해관계를 가진 자들에게 생물 다양성 그 자체는 아무런 가치도 지니지 않은 원료에 불과할 따름이다. 여기서 생산은 생물 다양성의 파괴를 기반으로 해서 이루어진다. 이렇게 해서 다양성을 기반으로 하는 지역적 생산체계는 획일성을 기반으로 하는 생산으로 대체되는 것이다.

이런 두 가지 패러다임간의 갈등은, 생명의 조작을 위한 새로운 생명공학 기술이 등장하고 생명에 대한 독점적 통제를 위한 새로운 법률체계가 나타나면서 더욱더 악화된다.

현재 기술적이고 법률적인 경향 모두 단일문화와 획일성의 방향으로 흐르고 있다. 그런데 이와 같은 추세는 그 과정에서 민중들이 자연과 관계를 맺고 그에 대한 권리와 의무 체계를 발전시켜 온 다양한 방식과 다양한 기술적 선택지를 말살해 나가고 있다. 유전공학이라는 새로운 도구의 부상에 힘입어 단일문화의 정신에 입각한 독점화된 통제는 더욱더 강력해지고 있다. 클로펜버그는 이렇게 경고한다.

종(種)들간에 유전적 물질을 이동시킬 수 있는 능력은 새로운 변이를 가져오는 수단이지만, 이것은 또 종들간의 획일성을 만들어내는 수단이기도 하다.(Kloppenburg, 1988)

이제 종의 경계를 넘나들면서 형질 전환된 종을 생산하

는 것이 가능해졌다. 종의 경계라는 것은 원래 자연이 자신의 특유성(distinctiveness)과 다양성을 유지하는 방식이었다. 이러한 경계를 넘나드는 행위가 불러일으키는 생태적인 영향은 아직 완전히 예측되거나 평가되지 않고 있으며, 단지 약간의 예측만이 가능할 뿐이다. 예를 들어 농업 생명공학 기업들은 제초제 저항성 식물의 육종 사업을 가장 큰 투자영역으로 설정하고 있다. 그 목적은 농업시장의 통제를 몇몇 기업들로 집중시키기 위한 것이다. 하지만 이것은 동시에 획일성을 향한 새로운 압력을 낳는다. 왜냐하면 이와 달리 제초제에 대한 저항성이 없는 작물은, 과도한 제초제 살포로 오염된 들판에서 자라지 못하기 때문이다. 게다가 생물 다양성이 풍부한 지역에 제초제 저항성을 위해 유전적으로 조작된 작물이 도입되었을 때, 이것은 제초제 저항성 유전자가 그 작물과 유전적으로 가까운 잡초로 전이됨에 따라 슈퍼잡초가 생겨나는 결과를 초래할 수 있다.

생태적 관점에서 볼 때도, 이러한 기술적 선택은 낭비이고 위험하고 불필요한 것이다. 그런데 이런 기술이 왜 퍼져나가는가? 그것은 단지 법률체계가 지적 재산권을 통해 생물 물질과 시장에 대한 독점적 통제를 위한 조건을 조성해 내기 때문만은 아니다. 특허와 마찬가지로 지적 재산권도 정신의 산물에 대한 권리라고 가정되고 있다. 하지만 서로 다른 문화는 서로 다른 지식전통뿐만 아니라 그러한 지식을 공유하고 교환하기 위한 서로 다른 가치와 규범도 발전시켜 왔다. 예를 들어 인도에서는 농사철이 시작될 무렵이면 악티(Akti)라고 불리는 축제를 연다. 그리고 농민들은 이 축제기간 동안에 자신들이 간직하고 있던 각종 씨앗들을 가지고 나와서 다른 사람들과 서로 교환한다. 이러한 문화적 맥락에서는, 씨앗은 사적 재산이 아니라 공동의 재산으로 취급된다.

그런데 지적 재산권은 다양한 지식전통들을 모두 배제하는 지식의 단작을 토대로 하고 있다. 지적 재산권은 비서구 문화의 자연유산뿐만 아니라 그 지적 유산까지 식민화한다.

WTO의 TRIPs협약은 지적 재산권을 공동의 권리가 아닌 단지 사적인 권리로 인정한다. 이것은 지적 공유물 속에서——마을의 농민들 사이에서, 숲에 거주하는 부족민들 사이에서 그리고 대학의 과학자들 사이에서—— 생겨나는 모든 종류의 지식·사고·혁신을 배제하는 것을 뜻한다. 이런 지적 재산권의 보호는 그 동안 우리 세계를 살찌우고 풍요롭게 해주었던 수많은 앎의 방식들을 질식시킬 것이다.

지적 재산권은 지식과 혁신이 사회적 필요를 충족할 때가 아니라, 오직 이윤을 창출할 때에만 인정된다. 여기서 이윤과 자본축적은 창조성이 부여될 수 있는 유일한 목표이다. 사회적인 선은 더 이상 인정되지 않는다.

인간사회의 아주 작은 부분에서 선호되는 우선순위를 보편화시킨다면, 창조성은 고양되기보다 오히려 파괴될 것이다. 지적 재산권은 인간의 지식을 사적 재산의 지위로 격하시킴으로써 인간이 지닌, 혁신하고 창조하는 잠재력을 축소시킨다. 지적 재산권은 사상의 자유로운 교환을 오히려 절도와 해적질로 둔갑시켜 버린다.

사실은 지적 재산권이야말로 오늘날의 해적질에 붙여놓은 고상하고 세련된 명칭인데도 말이다. 다른 종과 문화에 대한 고려가 전혀 없는 지적 재산권은 도덕적으로, 생태적으로 그리고 문화적인 차원에서의 침략행위이다. 게다가 생물 다양성 영역에서의 지적 재산권 행위는 문화적·인종적·종적 편견과 오만으로 얼룩져 있다.

자본주의적이고 가부장적인——생명을 소유하고 통제하고 파괴할 수 있는 경제적 권력과 남성의 무제한적 권리가 담고 있는——자유 개념과 자유무역이 접점을 이루고 있는 장이 바로 WTO이다. 그러나 제3세계, 특히 여성들에게 자유는 이와 다른 의미를 지닌다. 이와 같이 자유에 대한 서로 다른 의미는, 얼핏 보기에는 가장 거리가 먼 것 같은 국제무역의 영역 내에서 경쟁과 갈등의 핵심을 이루고 있다. 식량과 농업의 자유무역은, 오늘날 인간이 직면해 있는 가장 근본적인 윤리적이고 경제적인 문제의 집약체이다.

생물 다양성이라는 문제는 윤리적·생태적·인식론적·

경제적 차원 등 각각의 차원에서 다양성을 발견할 수 있는 기회이다.

가장 근본적인 수준에서의 생물 다양성의 보전은, 다른 종과 문화도 권리를 가지고 있으며 가치는 몇몇 특권적 인간에 의한 경제적 착취로부터만 파생되는 것이 아니라는 윤리적 인식과 이어져 있다. 따라서 생명체에 대한 특허와 소유권 주장은 윤리적으로 이에 상반되는 신념이 표출하는 진술이라고 할 수 있다.

또 생물 다양성의 보전은 지역 공동체들의 문화적 기여의 산물이기도 하다. 지역 공동체들은 다른 종들을 존중하고 그들의 상호작용에 관한 지식을 발전시켜 옴으로써 보전의 목적과 조화를 이루며 다른 종들을 이용할 수 있게 한 문화적 공로자이다.

따라서 생물 다양성의 보전은 문화적 다양성과 지식전통의 다수성을 보전하는 것이기도 하다. 더구나 이러한 다수성은 점점 더 급격한 변화와 와해의 속도가 빨라지고 있는 지금의 시대에 생존하기 위해서 생태적으로 필요하다.

세계가 점점 불확실하고 예측 불가능해짐에도 불구하고, 기술적·경제적 모형들은 점점 더 완전한 확실성과 통제를 가정하는 선형 패러다임에 의존하고 있다. 우리는 지난날의 집중화되고 획일화된 생산체계가 가져다 준 부정적인 사회적·생태적 결과를 떠안고 살아가고 있으면서도, 집중화와 획일성은 오히려 더 강화되어 가고 있다.

집중화와 획일성은 성장의 요청에 따른 것이라고 말한다. 그러나 무엇의 성장인가?

다차원적이고 다양한 시스템들이 전체성 속에서 인식되면, 이것들은 높은 생산성을 갖는 것으로 밝혀지고 있다. 이런 시스템은 생산성이 낮다고 평가하는 것은, 일차원적인 틀 속에서 평가하는 접근법의 산물이며 도구적인 세계관과 밀접하게 연결되어 있다. 돼지나 소가 단순히 의약산업에 필요한 특정한 화학물질을 생산해 내는 생체 반응기(bioreactor)로 다루어지면, 이러한 동물들은 어떠한 윤리적인 제약도 받지 않으면서 새롭게 만들어지고 디자인될 수 있다. 세계관으로서의 다양성은 다양한 구성요소들의 크기에 상관없이 이들이 인정될 수 있게 한다. 각 부분들의 다양한 역할과 상호의존성을 인식하게 되면, 다른 종에 대한 인간의 착취와 인간의 오만에 제한을 가할 수 있게 된다.

나브다냐(Navdanya, 9개의 씨앗)나 바르나자(Barnaja, 12개의 곡식)는 다양성을 바탕으로 한, 그 어떤 단작보다도 수확량이 많고 생산성이 높은 혼합경작(polyculture) 체계들의 사례들이다. 그런데 불행하게도 이들은 사라지고 있다. 생산성이 낮아서가 아니다. 이 혼합경작 체계에서는 곡물에 질소를 제공하는 콩과식물과의 공생에 의존하므로 (화학비료 및 농약 등과 같은) 다른 투입물이 필요없기 때문이다. 어디 그뿐인가. 나브다냐와 바르나자로부터 나오는 산출물은 다양해서, 한 가족이 필요로 하는 모든 영양분을 공급해 줄 정도이다.

하지만 이러한 다양성은 이윤 극대화를 위해 단일 산출물의 생산을 극대화해야 하는 상업적인 이해관계와 정면으로 배치된다. 그 특성상 혼합경작은 생태적으로 매우 현명하다. 따라서 생산에서 다양성을 발견하는 것은, 세계 구석구석에서 생계와 문화와 생태계를 파괴하고 있는 세계화되고 집중화된 균질적인 생산체계에 대항해서 저항할 힘을 제공해 줄 것이다.

우리는 우리의 선택조건을 다수화함으로써, 재건과 저항의 도구를 동시에 창조할 수 있다. 지난 몇 년 사이에 인도에서는 WTO, 특히 지적 재산권 조항을 통한 재식민화의 위협에 대응하여 대규모의 운동 —— 씨앗 사티아그라하 —— 이 대두하고 있다. 어떠한 전제군주도, 부당한 법률을 준수하는 것을 부도덕하다고 간주하는 사람을 감옥에 집어넣을 수는 없다고 간디는 말했다. 『인도의 자치 (*Hind Swaraj*)』에서, 간디는 이렇게 말하고 있다.

사람들이 부당한 법을 지켜야 한다는 미신이 존재하는 한, 노예제도는 존재할 것이다. 그리고 수동적인 저항자만이 그러한 미신을 없앨 수 있다. (Gandhi, 1938, p. 29)

사티아그라하는 자치, 즉 스와라지(swaraj)의 핵심이다.

자치는 우리의 타고난 권리이다(Swaraj hamara
janmasidh adhikar hai).

이 한마디는 인도의 독립운동 속에서 가장 큰 반향을 일
으켰다. 간디에게 그리고 인도의 현대 사회운동에 있어서,
자치는 중앙집중화된 국가에 의한 통치를 의미하는 것이
결코 아니다. 그것은 탈집중화된 지역 공동체들에 의한 통
치를 의미하는 것이었다. "우리 마을에서는 우리의 규칙으
로(Nate na raj)!" 이것은 인도의 풀뿌리 환경운동으로부터
나온 한 가지 구호이다.

1993년 3월, 델리에서 열린 대규모 집회에서는 농민의
권리(farmer's right)[1]에 관한 헌장이 만들어졌다. 그 권리
가운데 하나가 지역 주권이다. 지역의 자원은 지역 주권의
원칙에 의해, 마을의 자연자원은 그 마을에 속하는 것으로
관리되어야 한다.

씨앗을 산출하고 교환하고 개선하고 매매할 수 있는 농
민의 권리는 또한 스와라지의 표현이기도 하다. 인도의 농

---

1) 지적 재산권 제도에 대항하여 주장되는 권리로서, 1989년 FAO가 채택
   하였고 최근에는 생물다양성협약에 의해 의정서의 한 부분으로 채택
   하는 것을 고려하고 있다. '농민의 권리'는 기존의 지적 재산권 제도의
   결점을 극복하고, 생물 다양성이 이용자와 공여자 간의 이익의 공정한
   분배를 촉진하는 메커니즘을 발전시키기 위한 개념적 토대이다. 구체
   적으로 이것은 '농민들이 식물 유전자원의 보전·개량·이용하는 데
   대한 과거·현재·미래의 공헌으로부터 발생하는' 권리이다. Baumann,
   et al., 1996, p. 165. -옮긴이

민들은 GATT 조약이 자신들의 타고난 권리를 위반하고 있기 때문에, 만약 시행된다면 이를 거부할 것이라고 운동을 통해 선언하였다.

씨앗 사티아그라하가 부활시킨 또 하나의 간디적인 개념은 스와데시(swadeshi)이다. 스와데시는 창조적 재건의 방법으로서의 재생의 정신이다. 스와데시 철학에 따르면, 사람들은 물질적·도덕적으로 억압적인 구조로부터 자신들을 자유롭게 하는 데 필요한 것을 이미 가지고 있다.

간디에게 스와데시는 지역 공동체의 자원·숙련·기구를 기초로 해서 건립하는, 그리고 필요하면 이를 변환시키는 긍정적인 개념이었다. 강제로 부과된 자원과 기구와 구조는 사람들을 부자연스럽게 만든다. 간디에게 스와데시는 평화와 자유의 창조에서 핵심을 이루는 것이었다.

자유무역의 시대에 인도의 농촌지역 공동체들은 스와데시·스와라지·사티아그라하 같은 개념을 재창조함으로써 비폭력과 자유를 다시금 정의하고 있다. 인도의 농촌지역 공동체들은 WTO처럼 제3세계 공동체들이 보유하고 있는 생물적·지적 유산에 대한 도둑질을 법적으로 정당화하는 불공정한 법률에 대하여 "안된다"라고 말하고 있다.

'씨앗 사티아그라하'의 핵심 부분은 제3세계 공동의 지적 권리를 선언하는 것이다. 제3세계 지역 공동체들의 혁신이 서구 상업세계의 그것과는 과정과 목적 면에서 다를 지도 모른다. 하지만 다르다고 해서 결코 무시될 수는 없다. 자연의 다양성이라는 풍요로운 하사품에 대한 지식은 제3세계가 전세계에 주는 선물이었다. 그러나 '씨앗 사티아그라하'는 단순히 "안된다"라고 말하는 것 이상을 해오고 있다. 씨앗 사티아그라하는 지역사회에 종자은행을 건립해서 농민들에 대한 씨앗공급을 강화해 나가고, 서로 다른 지역들 각각에 적합한 지속 가능한 농업적 선택조건을 찾아냄으로써 대안을 만들어내고 있다.

오늘날과 같은 다양성의 조작과 독점의 시대에, 씨앗은 자유의 장소이자 상징이 되었다. 씨앗은 자유무역을 통한 재식민화 시대에 간디의 실 잣는 물레가 했던 바로 그 역할을 수행하고 있다. 차르카(charkha, 물레)는 크고 힘이 있어서가 아니라 작기 때문에 중요한 자유의 상징이 되었다. 물레는 가장 남루한 오두막과 가장 가난한 가족 속에서 저항과 창조성의 기호로서 살아올 수 있었다. 작음 속에 그 힘이 있는 것이다.

씨앗 또한 작다. 그러나 씨앗은 다양성과 살아남을 자유를 체화하고 있다. 그리고 씨앗은 여전히 인도에서는 소농들의 공유재산이다. 씨앗 속에서 문화적 다양성은 생물적 다양성과 수렴한다. 생태적 이슈들은 사회정의, 평화 그리고 민주주의와 서로 결합한다.

참고문헌

Biodiversity Prospecting (1991).

Baumann, M., et al., eds. (1996), *The Life Industry: Biodiversity, People and Profits*, London: Intermediate Technology Publications.

Chesler, Phyllis (1988), *Sacred Bond: Motherhood under Siege*, London: Virago.

Coats, David (1989), *Old McDonald's Factory Farm*, NY: Continuum.

Crick, Francis (1988), "Lessons from Biology", *Natural History* 97, November: 109.

Crosby, A. W. (1972), *The Colombian Exchange*, Westport, CT: Greenwood Press.

Darwin, Charles (1891), *The Formation of Vegetable Mould Through the Action of Worms with Observations of Their Habits*, London: Marray.

Davidson, Basil (1974), *Africa in History*, New York: Collier Books.

Dawkins, Richard (1976), *The Selfish Gene*, Oxford, England: Oxford University Press. (이용철 옮김, 『이기적인 유전자』, 동아출판사, 1995.)

Dismukes, Key (1991), *A Patent on Life: Ownership of Plant and Animal Research*, Canada: IDRC.

자연과 지식의 약탈자들

Doyle, Jack (1985), *Altered Harvest*, New York: Viking.

Easlea, Brian (1981), *Science and Sexual Oppression: Patriarchy's Confrontation with Woman and Nature*, London: Weidenfeld and Nicholson.

Ehrenfeld, Daivid (1993), *Beginning Again*, New York and Oxford: Oxford University Press.

Enyart, James (1990), "A GATT Intellectual Property Code", *Less Nouvelles*, June.

Farnsworth (1990), *Biodiversity Prospecting*.

Food and Agriculture Organization(FAO) (1983), International Undertaking on Plant Genetic Resources, DOC C83/Ⅱ REP/4 and 5, Rome, Italy.

Frankel, Francine (1972), *The Political Challenge of the Green Revolution*, Princeton, NJ: Princeton University.

Gandhi, M. K. (1938), *Hind Swaraj or Indian Home Rule*, Ahmedabad: Navjivan Publishing House.

Genetic Resources Action International(GRAIN) (1990), "Disclosures: UPOV Sells out", Barcelona, Spain, December 2.

Halappa, G. S. (1969), *History of Freedom Movement in Karnataka* Vol. 2, Bangalore: Government of Mysore.

Ingham, Elaine and Michael Holmes (1995), "A Note on Recent Findings on Genetic Engineering and Soil Organisms".

Jorgensen, R. and B. Anderson (1994), "Spontaneous Hybridization Between Oilseed Rape (Brassica Napas) and Weedy B. campestris(Brassicaceae): A Risk of Growing Genetically Modified Oilseed Rape", *American Journal of Botany*.

Kadir, Djelal (1992), *Columbus and the Ends of the Earth*, Berkeley: University of California Press.

Kapuscinski, Anne and E. M. Hallerman (1991), *Canadian Journal of Fisheries and Aquatic Sciences* Vol. 48.

Kay, Lily E. (1993), *The Molecular Vision of Life: Caltech, The Rockefeller Foundation and the Rise of the New Biology*, Oxford, England: Oxford University Press.

Kenny, Martin (1986), *Biotechnology: The University-Industrial Complex*, New Haven and London: Yale University Press.

Keystone International Dialogue on Plant Genetic Resources (1991), Final Consensus Report of Third Plenary Session, Keystone Center, Colorado, May 3d1-Jun 4.

Khor, Martin (1990), *The Uruguay Round and Third World Sovereignty*, Penang: Third World Network.

Kimbrell, Andrew (1993), *The Human Body Shop*, New York: Harper-Collins Publishers. (김동광 외 옮김, 『휴먼보디숍: 생명의 엔지니어링과 마케팅』, 김영사, 1996.)

Kloppenburg, Jack (1988), *First the Seed*, Cambridge, England: Cambridge University Press.

Laird, Susan (1994), "Contracts for Biodiversity Prospecting", *Biodiversity Prospecting*, World Resources Institute.

Leenders, Hans, "Reflections on 25 Tears of Service to the International Seed Trade Federation", *Seedsmen's Digest* 37: 5.

Lewin, Roger (1983), "How Mammalian RNA Returns to Its Genome", *Science* 219.

Lewontin, Richard (1993), *The Doctrine of DNA*, Penguin Books.

Locke, John (1967), *Two Treatises of Government*, ed. Peter Caslett, Cambridge University Press.

Mae, Wan-Ho (1996), "Food, Facts, Fallacies and Fears", paper presented at National Council of Women Symposium, United Kingdom, March 22.

Martinez-Alier, J. (1997), "The Merchandising of Biodiversity", T. Hayward, J. O'Neil, eds., *Justice, Property and the Environment*, Aldershot: Ashgate.

Maturana, Humberto R. and Francisco J. Varela (1992), *The Tree of Knowledge: The Biological Roots of Human Understanding*, Boston, M. A.: Shambala Publications.

Merchant, Carolyn (1980), *The Death of Nature: Women, Ecology and the Scientific Revolution*, New York: Harper & Row.

Mooney, Pat (1988), "From Cabbages to Kings", *Development Dialogue*. Brussels: ICDA.

_____ (1989), "Proceedings of the Conference on Patenting of Life Forms", Brussels: ICDA.

National Conservation Strategy (1994), "National Conservation Strategy Action Plan for the National Policy on Natural Resources and the Environment", *Addis Ababa* Vol. 2, December.

New Scientists, January 9, 1993.

Pant, G. B. (1922), "The Forest Problem in Kumaon", *Gyanodaya Prakashan*.

Pilger, John (1989), *A Secret Country*, London: Vintage.

Pollard, J. W. (1984), "Is Weismann's Barrier Absolute?", M. W. Ho and P. T. Saunders, eds., *Beyond Neo-Darwinism: Introduction to the New Evolutionary Paradigm*, London: Academic Press.

Postman, Neil (1992), *Technology: The Surrender of Culture to Technology*, A. Knopf.

RAFI, Rural Advancement Foundation International (1991), *Biodiversity,*

UNICED and GATT, Ottawa, Canada.

Raghavan, Chakravarthi (1995), "A Global Strategy for the New World Order", *Third World Economics* No. 81/82, January.

Regal, Phil J. (1994), "Scientific Principles for Ecologically Based Risk Assessment of Transgene Organisms", *Molecular Biology* Vol. 3.

Rifkin, Jeremy (1994), *The End of Work*, New York: Tarcher/Putnam. (이영호 옮김, 『노동의 종말』, 민음사, 1996.)

RDFI (Rural Development Foundation International) Communique (1993), Ontario, Canada, June.

_____ (1996), United States, July/August.

Science (Vol. 273) "Pests Overwhelm Bt. Corron Crop".

SCRIP (1992), *Biodiversity Prospecting*.

Sherwood, Robert (1990), *Intellectual Property and Economic Development*, Boulder, San Francisco, and Oxford: Westview Press.

Shiva, Vandana (1991), *The Violence of the Green Revolution*, Penang: Third World Network.

_____ (1992a), "Biodiversity, Biotechnology and Bush", *Third World Network Earth Summit Briefings*, Penang: Third World Network.

_____ (1992b), "GATT and Agriculture", *The {Bombay} Observer*.

_____ (1992c), "Resources", Wolfgang Sachs, ed., *Development Dictionary*, London: Zed Books.

_____ (1993), *Monoculture of the Mind*, London: Zed Books.

Shiva, Vandana, et al. (1996), *Biosafety*, Penang: Third World Network.

Singer, Peter and Deane Wells (1984), *The Reproductive Revolution: New ways of Making Babies*, Oxford, England: Oxford University Press.

Stone, R. (1992), "A Biocidal Tree Begins to Blossom", *Science*, February 28.

The Battle of the Bean (1966), "Splice of Life".

U. S. Academy of Sciences (1989), *Field Testing Genetically Modified Organisms: Framework for Decisions*, Washington, D. C.: National Academy Press.

Waring, Marilyn (1988), *If Women Counted*, New York: Harper & Row.

Weigle, Marta (1989), *Creation and Procreation*, Philadelphia: University of Pennsylvania Press.

Werlhof, Claudia von (1989), "Women and nature in Capitalism", Maria Mies ed., *Women: the last Colony*, London: Zed Books.

Wesson, Robert (1993), *Beyond Natural Selection*, Cambridge, MA: The MIT Press.

Wheale, Peter and Ruth McNally (1988), "Genetic Engineering: Catastrophe of Utopia", *U.K. Harvester*.

Winthrop, John (1992), "Life and Letters", *Djelal Kadir*, Columbus and the Ends of the Earth, Berkeley: Univ. of California Press.

Witt, Stephen (1985), "Biotechnology and Genetic Diversity", California Agricultural Lands Project, San Francisco, CA.

World Resources Institute (1993), *Biodiversity Prospecting: Using Genetic Resources for Sustainable Development*, Washington, D.C.: World Resources Institute (WRI).

자연과 지식의 약탈자들

ⓒ 반다나 시바, 2000
지은이 / 반다나 시바
옮긴이 / 한재각 외
펴낸이 / 박미옥
펴낸곳 / 도서출판 당대
제1판 제1쇄 인쇄 2001년 1월 20일
제1판 제6쇄 발행 2006년 8월 10일

등록 / 1995년 4월 21일(제10-1149호)
주소 / 서울시 마포구 서교동 395-99 402호
전화 / 323-1315~6
팩스 / 323-1317
e-mail / dangbi@chol.com

ISBN 89-8163-046-1